Kuhlman

Su legado
espiritual
y su impacto
en mi vida

BENNY HINN

CASA
CREACIÓN
Para vivir la Palabra

Para vivir la Palabra

MANTÉNGANSE ALERTA;
PERMANEZCAN FIRMES EN LA FE;
SEAN VALIENTES Y FUERTES.
—1 CORINTIOS 16:13 (NVI)

Kathryn Kuhlman por Benny Hinn
Publicado por Casa Creación
Miami, Florida
www.casacreacion.com
©2023 Derechos reservados

ISBN: 978-1-955682-89-3
E-book ISBN: 978-1-955682-90-9

Desarrollo editorial: *Grupo Nivel Uno, Inc.*
Adaptación de diseño interior y portada: *Grupo Nivel Uno, Inc.*

Publicado originalmente en inglés bajo el título:
Kathryn Kuhlman
Publicado por Thomas Nelson
una división de Harper Collins Christian Publishing, Inc.
©1999 by Benny Hinn
Todos los derechos reservados.

Nota de la editorial: Aunque el autor hizo todo lo posible por proveer teléfonos y páginas de internet correctos al momento de la publicación de este libro, ni la editorial ni el autor se responsabilizan por errores o cambios que puedan surgir luego de haberse publicado.

Impreso en Colombia

23 24 25 26 27 LBS 9 8 7 6 5 4 3 2 1

Dedicatoria

ESTE LIBRO ES DEDICADO A
AQUELLOS CUYAS VIDAS FUERON
TOCADAS POR EL ESPÍRITU SANTO A
TRAVÉS DEL MINISTERIO DE KATHRYN
KUHLMAN: ASÍ COMO TAMBIÉN A SUS
HIJOS Y A LOS HIJOS DE SUS HIJOS.

Contenido

Prefacio

Escuché por primera vez, acerca de Kathryn Kuhlman, en la década de 1960 mientras estábamos en California trabajando en un especial de televisión que íbamos a transmitir en los estudios de NBC Burbank. Nuestro director, Dick Ross, me habló de ella, por lo que el domingo siguiente asistí a uno de los cultos de Kathryn Kuhlman en Los Ángeles. En esa reunión, el Espíritu de Dios vino sobre mí al ver al Señor obrar tremendos milagros de sanidad a través de ella. Lloré de alegría y supe que Dios había levantado a esa preciosa sierva del Señor, alguien inigualable en mi generación.

Ella empleó la "palabra de conocimiento" en la manera más impresionante que había visto en toda mi existencia. De inmediato, vi ese don del Espíritu desde una nueva perspectiva y supe en mi corazón que Dios lo iba a difundir entre su pueblo por todas partes del mundo. Creo que era una señal que Dios estaba enviando y en la que decía: "Yo soy el que soy, hoy como en los días de antaño. Escúchenme. Tengan fe en mí y vean las maravillas de mi gracia". Y creo eso más que nunca. Siento que Dios, a través de Kathryn Kuhlman, usó el don de la palabra de conocimiento con mayor énfasis, por lo que se está manifestando más y más cada día.

El ministerio de Kathryn en la Universidad Oral Roberts conmovió a nuestros profesores y estudiantes al punto que todos lloramos y entendimos que Dios nos visitó con ella. Desde ese entonces, no hemos sido los mismos. Tenemos un profundo agradecimiento a Dios y a Kathryn Kuhlman.

Evelyn y yo tuvimos la bendición de poder conocer personalmente a Kathryn Kuhlman y apreciarla como nuestra querida amiga. Ciertamente era una compañera en el ministerio de milagros y la amamos.

Cuando enfrentaba las últimas horas de su vida en el Hospital Hillcrest, en Tulsa, Kathryn nos pidió que no oráramos por su sanidad, sino que rogáramos para que fuera liberada y llevada a morar con su Padre celestial. Eso nos conmovió en lo más profundo, no nos extrañó aquello, ya que ella señalaba con el dedo hacia arriba, mientras afirmaba decididamente: "Quiero ir a casa". Así que honramos su deseo.

Cuando mi amigo cirujano Bill Loughridge, salió del quirófano, me dijo: "La cirugía fue perfecta, pero ella —realmente— quiere ir a estar con el Señor. Así que, ahora, depende de ella". Pude sentir la fuerte presencia de Dios en ese hospital, pero también una tristeza personal porque queríamos que se quedara.

El ministerio de Kathryn me afectó en lo personal y de manera positiva, ya que ella vivió en la presencia de Dios, algo que yo mismo había experimentado. Era como si los dos, como siervos de Dios, nos conociéramos muy íntimamente y tuviéramos un vínculo superior que emanaba del poder milagroso de Dios.

Ella también conmovió a nuestro hijo Richard, animándolo mucho mientras empezaba a ministrar sanidades. La manifestación de la palabra de conocimiento a través de él hoy se remonta a la influencia de Kathryn en su vida. Por eso damos gracias a Dios.

En los cultos de Kathryn Kuhlman, a los que tuve el privilegio de asistir, fui testigo del poder milagroso de Dios. Vi personas que estaban totalmente lisiadas, ponerse de pie y —literalmente— correr entre la audiencia con sus extremidades perfectamente sanas.

Con el paso de los años, sigo admirando y respetando su vida, su ministerio y su legado. Entre aquellos especialmente llamados al ministerio de la sanidad y los milagros, nadie ocupa un lugar más alto en mi corazón que ella. Su oración todavía resuena en mis oídos y en mi espíritu. "Espíritu Santo, que nunca desobedezca a mi Señor".

> SU ORACIÓN TODAVÍA RESUENA EN MIS OÍDOS Y EN MI ESPÍRITU.
> "ESPÍRITU SANTO, QUE NUNCA DESOBEDEZCA A MI SEÑOR".

No había nadie como ella, sin embargo, veo el poder de Dios que moraba en Kathryn Kuhlman descendiendo sobre otros en nuestros días. Su hijo muy especial en el Señor, Benny Hinn, que fue cautivado por el mismo Espíritu Santo que ella conoció, continúa con su legado. Ver a mi querido amigo Benny es volver a ver a Kathryn en muchas maneras. Benny Hinn ha sido ungido para mover grandes masas bajo el poder del Espíritu Santo en formas sin precedentes en nuestro tiempo. Me siento doblemente honrado de haberlos conocido y amado a ambos. Considero a Benny Hinn "Número Uno" en la esfera del evangelismo actual. Y, gracias a Dios, su obra acaba de comenzar.

ORAL ROBERTS

Prólogo

LA NAVIDAD DE 1953 fue una época muy difícil para mi esposa, Maude Aimee, para nuestros dos hijos pequeños y para mí. Estábamos luchando para iniciar la construcción de la iglesia Cathedral of Tomorrow en Akron, Ohio, y los tiempos eran dificultosos. Una mañana, antes del día de Navidad, miramos por la ventana del frente un auto grande y negro que se detuvo en la entrada de nuestra casa. Cuando se abrió la puerta, salió una dama alta, hermosa y agraciada que traía un montón de regalos para nuestros hijos y la familia. Esa maravillosa persona no era otra que Kathryn Kuhlman. La conocíamos desde hacía menos de un año, sin embargo, desde ese tiempo hasta el momento en que se fue a las moradas celestiales, Kathryn fue una de nuestras amigas más queridas, una que compartió con nosotros nuestros triunfos y nuestras tristezas mientras ministrábamos el evangelio de Jesucristo.

Unos meses antes, en el verano de 1952, la familia Humbard estaba realizando una cruzada en toda la ciudad en nuestra "Carpa del Evangelio" con capacidad para 6.000 asientos en Akron, Ohio. Después de nuestro primer servicio sabatino nocturno, dos damas solicitaron una reunión conmigo. Reconocí a una de ellas como una antigua amiga nuestra, Myrtle Parrott, a quien conocimos en Dallas, Texas, en 1939. Me presentó a su hermana, Kathryn Kuhlman, y dijo: "Estoy segura de que has oído hablar de su ministerio". Sin embargo, al contrario de lo que ella creía, no había oído hablar de Kathryn Kuhlman. Mientras sosteníamos una amena conversación, Kathryn mencionó que le gustaría usar nuestra carpa para los servicios dominicales matutinos. Le dije que nunca había estado en una de sus reuniones y que me gustaría mucho ir a Youngstown, donde ella estaba ministrando, y participar en uno de sus cultos.

Así fue que llegué al Auditorio Stambaugh en Youngstown, Ohio, el domingo por la mañana temprano y el edificio ya estaba repleto de gente. Cuando Kathryn Kuhlman subió al escenario, la presencia del Espíritu Santo descendió sobre ese lugar como una niebla espesa. Durante más de tres horas ministró, predicó, cantó, dirigió un servicio de sanidad y, finalmente —y lo más importante para mí— hizo un llamado al altar para aquellos que necesitaban conocer a Jesús como su Salvador personal.

Mientras pronunciaba ese sencillo llamado de salvación, todo el frente del auditorio se llenó de personas que hacían su profesión de fe. En ese único servicio, más de mil personas entregaron sus corazones al Señor. Con mucho gusto le dije a Kathryn Kuhlman que podía usar nuestra carpa y que haría cualquier cosa para ayudarla en ese trabajo que Dios la había llamado a hacer. En ese momento, Kathryn anunció: "Estaré en Akron, Ohio, el domingo por la mañana a las 11:00 en la Carpa del Avivamiento Humbard".

Poco sabíamos lo que nos esperaba ese domingo próximo. A las 4:30 de la madrugada, la policía llegó a nuestra casa y nos informó que la carpa estaba llena y que debía llegar allí de inmediato para ayudar con el control de la multitud. A las 7:30 de la mañana, Kathryn Kuhlman inició su servicio, el cual duró más de seis horas. Hubo vidas transformadas, cuerpos sanados, almas salvadas y —desde ese momento en adelante— el trabajo que se inició en Akron nunca volvería a ser el mismo.

A la mañana siguiente, el periódico *Akron Beacon Journal* informó que asistieron más de 18.000 personas a la carpa. Todos los asientos estaban ocupados, miles de personas estaban de pie en el interior de la tienda y numerosas filas de personas rodearon el área completa tratando —de todas las formas posibles— de participar en esa poderosa obra del Señor. ¡Ese fue el movimiento más grande del Espíritu de Dios que jamás había visto! Kathryn regresó a Akron muchos domingos más y continuó ministrando el evangelio de Cristo a su manera especial.

Muchos años después, tuve el privilegio de ministrar una vez más con Kathryn Kuhlman en el Centro de Convenciones de Anaheim, al sur de California. Muchos miles asistieron y, aunque su salud era delicada y pronto se encontraría con nuestro Señor cara a cara, condujo el servicio tal como lo había hecho tantos años atrás en la Carpa del Evangelio, en Akron. Una vez más, el maravilloso Espíritu del Señor cayó sobre el Centro de Convenciones y numerosas vidas fueron cambiadas para siempre.

En mis más de 66 años de ministerio de tiempo completo, cuatro grandes líderes religiosos han tenido un profundo impacto en mi vida.

El Dr. Billy Graham, a quien conocí por más de cincuenta años.

Oral Roberts, que en 1949 hizo la oración de fe por la sanidad de nuestro hijo mayor, Rex. Este sufría de tuberculosis y fue sanado por esa oración.

Kathryn Kuhlman, probablemente la amiga más cercana que mi esposa —Maude Aimee— y yo hemos tenido. Una sierva de Dios que tocó nuestras vidas de una manera maravillosa y personal.

Benny Hinn, con quien he tenido el privilegio de ministrar en sus cruzadas evangelísticas por todo Estados Unidos y Canadá.

El pastor Hinn recibió gran parte de su inspiración y su fundamento espiritual al asistir a las reuniones de Kathryn Kuhlman. Al sentarme en la plataforma, en las reuniones de las cruzadas de Benny Hinn, puedo sentir el mismo espíritu y la misma sensación que apreciaba —hace muchos años— en los servicios de Kathryn Kuhlman. Muchas curaciones se manifiestan a lo largo de los auditorios en los que él predica y se cuentan maravillosos testimonios de aquellos que han obtenido su milagro al asistir a las reuniones del pastor Hinn. Y lo que es más importante, veo las extraordinarias y ungidas invitaciones al altar que hace para que las almas obtengan la salvación en Jesucristo tal como yo lo presencié en 1952, cuando asistí por primera vez a los cultos de Kathryn en el Auditorio Stambaugh en Youngstown, Ohio.

El trabajo que comenzó hace muchos años continúa hoy a través del ministerio del pastor Benny Hinn. Nuestra oración es que los días venideros sean los mejores que Benny jamás haya conocido debido a su fidelidad a la obra de Dios y a los principios que aprendió a los pies de una de las grandes siervas de Dios: Kathryn Kuhlman.

Rex Humbard

CAPÍTULO 1

Morir mil veces

TRATÉ DE TRAGAR, pero mi garganta estaba reseca. Sentí que tenía un nudo apretado, como si una gran tenaza aprisionaba mi estómago y aprecié mis piernas adormecidas, casi paralizadas. Nunca en mis veinticuatro años había estado tan asustado.

Al fin, me armé de valor para descorrer el pesado telón del Carnegie Music Hall de Pittsburgh con el fin de echar un vistazo rápido. El auditorio estaba lleno de personas que habían acudido, algunas desde muy lejos, para asistir a un servicio conmemorativo en honor a Kathryn Kuhlman. Era 1977, un año después de la muerte de la famosa evangelista.

Esas personas eran su gente y la amaban mucho. Después de todo, Pittsburgh había sido el hogar de su ministerio por casi tres décadas. Ella se había convertido en una institución en la Ciudad de Acero, alabada por los padres de la ciudad y abrazada por miles de individuos de todos los niveles sociales de la comunidad.

"¿Por qué yo?", me pregunté, todavía paralizado por el miedo. Nadie sabía quién era yo. ¿Por qué se me pidió que ministrara en ese evento exclusivo y tan significativo? Tres años antes había predicado mi primer sermón. Era un novato ¡Y ahora esto!

Ese mismo día me pidieron que fuera a Carlton House, sede de las oficinas de la Fundación Kathryn Kuhlman. Después de algunas bromas, Maggie Hartner, que había sido la amiga y socia más íntima de Kathryn, me apartó a un lado y me dio unos buenos consejos. En voz baja, me dijo: "Ahora no vayas a orar ni a rogar a Dios que te unja. Te apegarás tanto a ti mismo que Dios no podrá usarte". Y agregó: "Ve a dormir una siesta o algo así".

Apenas podía creer lo que estaba escuchando. ¿Estaba ella pidiéndome que no orara? Lo que pensé fue: "¡Este tiene que ser el consejo más extraño que me han dado!".

Al salir del edificio, me dije: "Ella no sabe de lo que está hablando. ¿Tomar una siesta cuando debería estar orando? ¡De ninguna manera! ¡Voy a orar, le guste o no!". Y, sin entender la perspectiva de Maggie, hice exactamente lo opuesto a lo que me dijo que hiciera.

Tan pronto como regresé a mi habitación en el hotel, comencé a orar fervientemente por el servicio de esa noche. Ah, cómo oré. Durante cinco horas rogué al Señor en oración. ¡Estaba listo para hacer lo mejor para Jesús!

DE UN LADO A OTRO

Una hora antes del servicio, Jimmie McDonald llegó al hotel, el destacado cantante que había estado en el púlpito con Kathryn Kuhlman por los últimos quince años de su ministerio. Mientras íbamos juntos en el auto en dirección al Auditorio Carnegie, él describió el programa planificado para esa noche: lo que iba a cantar la coral y lo que había preparado para su propia ejecución musical.

Una característica del evento conmemorativo sería la proyección del servicio milagroso de Kathryn Kuhlman filmado en Las Vegas en mayo de 1975. Fue la única película hecha con calidad profesional que ella permitió que se produjera y en la que se incluía uno de sus servicios.

Llegamos al Auditorio Carnegie y Jimmie desapareció por un momento para atender algunos detalles de última hora. Mientras esperaba que regresara, me tomé un momento para apreciar el ambiente. El Auditorio Carnegie era un hermoso edificio con fastuosos balcones y una decoración muy delicada. Detrás de la cortina podía escuchar la música de la coral de Kathryn Kuhlman. Fue muy emocionante estar ahí y me sentí especialmente honrado por ser parte de ello, ya que casi nadie sabía quién era yo.

Mientras el coro estaba ensayando, Jimmie regresó para dar unas instrucciones finales. "Ahora Benny, después de la película voy a guiar a la audiencia a entonar el coro de la canción *Cristo, Cristo, Cristo*. Esa será la señal para que entres caminando".

Asentí para manifestar mi acuerdo.

Jimmie desapareció a través de las cortinas y poco después comenzó el servicio.

Mientras se proyectaba la película, me paseaba de un lado a otro en los oscuros bastidores del escenario, casi abrumado por la ansiedad. De repente, recordé haber escuchado a Kathryn Kuhlman hablar sobre sus propias batallas antes de un servicio de milagros.

Mi memoria se estremeció. Casi podía escucharla pronunciar las palabras: "Hay cuatro escalones que conducen a un pequeño descanso en el que se abre la puerta que conduce al escenario del Auditorio Carnegie en Pittsburgh. La perilla de la puerta es negra. He subido esos cuatro escalones muchas veces y he estado en ese descanso con mi mano puesta sobre esa perilla negra, en ese mismo lugar Kathryn Kuhlman ha enfrentado situaciones terribles, como si hubiera muerto mil veces".

¿Por qué diría ella eso?, me cuestioné. Recordé su respuesta con sus propias palabras: "Porque sabía que cuando abriera esa puerta, iba a ver numerosas personas sentadas en ese auditorio que habían viajado cientos de kilómetros. Gente que había hecho enormes sacrificios para estar en ese servicio de milagros. Había individuos ahí que asistían a esos eventos porque era su último recurso. Los médicos habían agotados sus medios, no podían hacer nada más por ellos. Y habían acudido con la esperanza de que: 'Iremos a uno de esos cultos de milagros y le creeremos a Dios para que responda nuestra oración'".

> APENAS TRES AÑOS ANTES,
> PREDIQUÉ MI PRIMER SERMÓN.
> YO ERA UN COMPLETO NOVATO.
> ¡Y AHORA ESTO!

Recuerdo que, literalmente, pude escuchar a Kathryn Kuhlman continuar diciendo: "Yo estaba segura de que, en esa audiencia, habría un padre sentado que había dejado de trabajar ese día para asistir a ese servicio. Un padre que había venido con su mujer y con su pequeño niño. Un padre que lo había intentado todo. Quizás era cáncer lo que padecía el cuerpo de ese niño. Pero ese niño era más preciado para sus padres que cualquier otra cosa en el mundo".

Entonces Kathryn decía: "Sabía que, de pie en ese escalón superior, yo no tenía poder para sanar a nadie. Si eso dependía de mí, no iba a ocurrir nada. ¡Ah, qué impotencia con todo aquello! ¡Impotencia absoluta! Todo, absolutamente todo, dependía del poder del Espíritu Santo. Así que no morí una, ni dos, ni media docena de veces. Morí una y otra vez".

Aquellos recuerdos me inspiraron.

Ahora era mi turno.

"¿DÓNDE ESTABAS?"

Cuando terminó la película, Jimmie McDonald comenzó a dirigir la canción planificada. Eso significaba que era casi el momento en que yo debía subir al escenario. Una vez más, miré a la multitud desde mi puesto de observación detrás del escenario y me aterroricé. Por segunda vez escuché al público cantar *Cristo, Cristo, Cristo*. Luego cantaron una tercera vez. Finalmente, Jimmie anunció —más para mí que para la audiencia—: "Vamos a cantar este himno una vez más; luego Benny Hinn pasará al frente".

Como la mayoría de la gente no me conocía, Jimmie hizo una presentación formal y halagadora que concluyó con lo siguiente: "¿Le darían una ovación de bienvenida a Benny Hinn a la ciudad de Pittsburgh?".

Tuve que armarme de valor para entrar en aquel escenario. Poco a poco, muy lentamente, caminé hacia Jimmie, que me recibió con este susurro: "¿Dónde estabas?" y desapareció detrás de las cortinas.

Estaba tan nervioso que no podía hablar, así que decidí dirigir a la audiencia a entonar el mismo coro una vez más. Lo que no me di cuenta, sin embargo, fue que los músicos habían cambiado de tonalidad y empezaron a tocar la canción. No obstante, empecé a dirigir a los asistentes vocalizando la misma canción *Cristo, Cristo, Cristo*, cuando —de repente— me di cuenta dolorosamente de que el tono era demasiado alto. Aquello fue un completo desastre. Nadie podía seguirme mientras cantaba, empecé a luchar con la situación yo solo. Estaba muy avergonzado, me quedé sin palabras.

Mas, en mi interior, rogaba diciendo: "Por favor, Señor, que este servicio termine ya. Tengo que salir de aquí e irme a casa".

Después de unos treinta minutos que parecieron una eternidad, finalmente alcé mis brazos a lo alto y clamé en voz audible: "¡No puedo hacerlo! ¡Señor, no puedo hacer esto!".

En ese preciso instante, escuché una voz muy dentro de mí que decía: "Me alegra que no puedas. Lo haré yo. Ahora mismo".

De inmediato, la incomodidad y el miedo desaparecieron. Todo mi cuerpo se aflojó. Empecé a hablar palabras que no había ni pensado y el poder de Dios comenzó a tocar a la gente en todo el auditorio. Fue una noche memorable y conmovedora.

> **"NO SON TUS ORACIONES,**
> **NO ES TU HABILIDAD, ES TU ENTREGA".**

Después del servicio, Maggie me dijo algo que siempre recordaré:

—Kathryn siempre decía: "No son tus oraciones, no es tu habilidad, es tu entrega". Benny, solo aprende a rendirte.

Estaba tan exhausto y agotado por la experiencia de esa noche que le respondí:

—No creo que sepa cómo hacer eso.

—Bueno, esta noche fue tu primera experiencia —respondió Maggie Hartner.

En los siguientes tres años posteriores a esa noche, celebré cultos de milagros varias veces al año en el Carnegie Music Hall y en el Soldiers and Sailors Memorial Hall, patrocinados por la Fundación Kathryn Kuhlman.

EL TEMBLOR NO IBA A DETENERSE

A lo largo de los años, he contado algo de la manera en que Dios usó a Kathryn Kuhlman para influir y transformar mi vida en un modo dramático. Su impacto, sin embargo, fue mucho más aun de lo que la mayoría de la gente puede comprender. Fue en esa misma ciudad, el viernes 21 de diciembre de 1973, que llegué en un autobús fletado desde Toronto para asistir a uno de sus cultos de milagros en la Primera Iglesia Presbiteriana de esa localidad.

Como un joven de veintiún años de edad que se había convertido en cristiano renacido casi dos años antes, mi peregrinaje ya había dado algunos giros sorprendentes. Por ejemplo, después de haber sido criado en un hogar ortodoxo griego en Jaffa, Israel, y ser educado por monjas en una escuela católica, nuestra familia emigró a Toronto cuando yo tenía quince años.

> ## A PARTIR DE ESE MOMENTO FUI COMO UNA ESPONJA ESPIRITUAL, ABSORBIENDO TODO LO QUE PODÍA.

Cuatro años más tarde, tras haber sido invitado a asistir a un grupo de oración dirigido por estudiantes en la escuela pública Georges Vanier, le pedí a Cristo que se convirtiera en mi Salvador personal.

A partir de ese momento fui como una esponja espiritual, absorbiendo todo lo que podía. La iglesia a la que asistí, en el centro de Toronto, albergaba a casi tres mil jóvenes carismáticos. En su exuberante adoración levantaban sus manos, cantaban en el Espíritu y oraban en lenguas. Mientras disfrutaba de sus reuniones de alabanza y esperaba cada una de ellas con gran anhelo, buscaba desesperadamente más de Dios. Mi corazón parecía estar clamando: "Señor, ¿es eso todo lo que tienes para mí?".

Un día, Dios puso en mi camino a un ministro lleno del Espíritu que pertenecía a la iglesia metodista libre. Su nombre era Jim Poynter.

—Benny —me preguntó—, ¿alguna vez has oído hablar del ministerio de Kathryn Kuhlman?

—Ah, ¿es esa la mujer que sale en la televisión y usa unos largos vestidos blancos? —respondí. Recordaba haber visto su programa una o dos veces, pero no me atraía mucho, especialmente por su estilo dramático.

—Bueno, creo que necesitas estar en uno de sus cultos y ver su ministerio en persona —dijo Poynter. Luego me contó sobre el autobús que había organizado y quería que me uniera al grupo. Así que acepté ir con ellos.

Desplazándonos a través de una tormenta de nieve, al fin llegamos a nuestro hotel en Pittsburgh a altas horas de la noche.

—Benny, creo que debemos estar en la iglesia a las seis de la mañana si queremos un asiento adecuado —dijo Jim.

Con solo cuatro horas de sueño, y en la oscuridad de la madrugada, llegamos a la iglesia. Varios cientos de personas ya estaban allí, esperando que las puertas se abrieran dos horas después. "¿Siempre es así?", les pregunté a algunas personas que estaban a nuestro alrededor. "Todas las semanas", respondió una mujer.

NUNCA, EN MI ANDAR CRISTIANO, HABÍA EXPERIMENTADO ALGO ASÍ.

La mañana era muy fría, pero yo estaba preparado, abrigado con varias capas de ropa, además de guantes, botas y un sombrero. Repentinamente, sin embargo, mi cuerpo empezó a vibrar como si alguien me estuviera sacudiendo. "No puede ser el clima", pensé, porque en realidad sentía calor debajo de mi ropa. Me acurruqué con mi abrigo y me dispuse a esperar en aquella mañana fría. Cuanto más tiempo permanecía allí, más continuaba aquel temblor incontrolable. Podía sentirlo en mis piernas, mis brazos, hasta en mi boca. "¿Qué me está pasando?", me preguntaba.

"Benny, cuando se abran esas puertas, corre lo más rápido que puedas para que puedas conseguir un asiento delantero", me aconsejó Jim. "Si no te mueves rápido, te atropellarán".

Casi un minuto después, un ujier abrió la puerta y corrí al frente de la iglesia, como si estuviera en una carrera de cien metros, solo para que me dijeran que la primera fila ya estaba reservada. La segunda fila estaba llena, pero Jim y yo encontramos un lugar excelente en la tercera.

Me quité el peso de aquella ropa y traté de serenarme. Ya no tenía frío, pero el temblor en mi cuerpo no desaparecía. Francamente, eso estaba empezando a preocuparme. Esa sensación inusual parecía más que un estímulo físico. Algo estaba sucediendo dentro de mí y estaba demasiado avergonzado para decírselo a Jim.

¿CÓMO PUEDO EXPLICAR ESO?

La música empezó y de repente apareció en la plataforma la dama evangelista con el pelo rojo llameante y un largo vestido blanco. Decir que el ambiente estaba *cargado* no describe en nada lo que sentí esa mañana. Todo el público comenzó a cantar *Cuán grande es él* y, desde que oí la primera nota, las lágrimas comenzaron a correr por mis mejillas. Mis manos estaban extendidas a lo alto y sentí como si estuviera siendo bañado en gloria. Nunca, en mi andar cristiano, había experimentado algo así. Luego, cuando terminó la canción, también concluyó el temblor que agitaba mi cuerpo.

Me quedé allí en silencio, sin dejar de adorar al Señor. En esa atmósfera sagrada, sentí que comenzaba a soplar una brisa suave y lenta. Abrí los ojos para buscar de dónde venía. Miré hacia arriba y no había ventanas abiertas. Sin embargo, podía sentir ese viento inusual bajándome por un brazo y subiendo por el otro, una y otra vez, como una ola. Eso continuó por varios minutos y luego sentí como si todo mi cuerpo estuviera envuelto en una manta cálida y relajante. Fue asombroso. Pensé: "¿Cómo puedo explicarle esto a alguien?".

Cuando Kathryn Kuhlman comenzó a ministrar, ya yo estaba imbuido en el Espíritu, susurrando: "Querido Jesús, por favor, ten piedad de mí". Lo decía una y otra vez, y mientras musitaba esa oración, parecía como si una luz se enfocara brillando sobre mis faltas, mis debilidades y mis pecados. Entonces escuché la tierna voz del Señor que me dijo: "Mi misericordia contigo es abundante".

> EL SEÑOR ME DIJO: "MI MISERICORDIA CONTIGO ES ABUNDANTE".

Por primera vez en mi vida, mantenía comunión con Dios. Él estaba hablando conmigo, mostrándome su misericordia y su amor. Absolutamente nada de lo que había sucedido en mi vida, anteriormente, podía compararse con ese momento glorioso.

La noche anterior, en nuestro viaje a Pittsburgh, Jim me habló de los milagros que ocurrían en las reuniones de Kathryn Kuhlman. "Ella no tiene un método de curación", explicó. "Además, no impone sus manos sobre la gente individualmente. Cuando la unción del Espíritu Santo desciende, las personas son sanadas en una manera maravillosa; de forma que simplemente pasan al frente para contar sus testimonios".

Jim había tratado de prepararme, pero él nunca había sido testigo de esas demostraciones del poder obrador de milagros de Dios. Las personas sordas, de repente, empezaban a oír. Una mujer se levantó de su silla de ruedas y caminó. Hubo decenas de testimonios de personas que estaban siendo sanadas de tumores, problemas oculares, artritis y otras enfermedades.

En un momento del servicio levanté la mirada y vi a Kathryn Kuhlman con el rostro hundido entre sus manos, sollozando. La música se detuvo. Nadie se movió por lo que parecieron varios minutos. Reinó un silencio absoluto. Entonces, en un abrir y cerrar de ojos, echó la cabeza hacia atrás y empujó su dedo largo y huesudo hacia adelante con una audacia y una autoridad que desafiaban toda descripción. "Por favor", suplicó lentamente. "Por favor, no contristes al Espíritu Santo". Todavía sollozando, expresó: "¿No lo entiendes? ¡Él es todo lo que tengo!". Y continuó diciendo: "Por favor,

¡no lo hieras! Él es todo lo que tengo. ¡No hieras a mi Amado!".

> "POR FAVOR", SUPLICÓ LENTAMENTE. "POR FAVOR, NO CONTRISTES AL ESPÍRITU SANTO".

Respiró hondo y extendió su dedo sobre el púlpito. Parecía que me estaba señalando directamente cuando declaró: "¡Él es más real que cualquier cosa en este mundo! ¡Él es más real para mí que tú!".

En ese momento, por primera vez, me di cuenta de que el Espíritu Santo no era "eso". Era una persona; por lo que, más que nada en el mundo, anhelaba conocerlo.

Durante todo el camino de regreso a Toronto, mi mente reprodujo la escena de Kathryn Kuhlman inclinándose sobre el púlpito y diciendo: "Él es más real para mí que tú". Eso hizo que yo también anhelara conocerlo.

¡ÉL ES UNA PERSONA!

Esa noche, en mi habitación en casa de nuestra familia, no pude dormir. Mi mente daba vueltas con lo que había experimentado: los milagros y las palabras pronunciadas por esa extraordinaria sierva de Dios.

De repente sentí que algo me halaba de la cama al suelo. Caí de rodillas y las primeras palabras que salieron de mi boca fueron: "Espíritu Santo".

Hablarle a él como persona era algo totalmente nuevo para mí. Yo hablaba con Dios y con su Hijo, pero hasta ahora nunca me había dado cuenta de que el Espíritu Santo era una persona viva y real.

ÉL ESTABA AHÍ, PRESENTE EN MI HABITACIÓN. PODÍA SENTIRLO.

Sin saber lo que sucedería, comencé a hablar en voz alta. "Espíritu Santo", comencé, "Kathryn dice que eres su Amigo. No creo que te conozca. Antes de hoy, pensaba que sí. Pero después de esa reunión me doy cuenta de que realmente no te conocía. ¿Puedo reunirme contigo? ¿Realmente puedo conocerte?".

No tenía ni idea de qué esperar. ¿Me respondería? Y si lo hacía, ¿cómo lo haría?

Al principio hubo un silencio absoluto. No pasó nada. Luego, unos minutos más tarde, mientras estaba sentado en el piso de mi habitación con los ojos cerrados, de repente comencé a temblar y a vibrar por todas partes, tal como sucedió en las afueras de la iglesia en Pittsburgh, mientras esperaba que el culto comenzara. Me estremecí con el poder del Espíritu de Dios. Él estaba allí, presente en mi habitación. Podía sentirlo.

Después de la noche de descanso más pacífica que podía recordar, me desperté e hice lo que me pareció lo más natural del mundo. Dije: "Buenos días, Espíritu Santo".

Desde aquel amanecer hasta el día de hoy, él ha sido mi Maestro, mi Consejero, mi Consolador y mi Amigo más cercano.

"¿HAS ESTADO ESPERÁNDOME?"

Mi vida comenzó a cambiar en una manera dramática. Día tras día, noche tras noche, me internaba en la Palabra de Dios. Abría mi Biblia y el Espíritu Santo, literalmente, hacía que mis ojos se posaran en cierto pasaje de las Escrituras y luego en otro. Él amplió mi entendimiento e hizo que la Palabra cobrara vida.

Había una pequeña radio al lado de mi cama y todas las noches la sintonizaba en la frecuencia WWVA, una estación de 50.000 vatios que trasmitía desde Wheeling, West Virginia. Su poderosa señal no solo llegaba a Canadá, sino también a todo el este de los Estados Unidos y tan lejos como Europa.

Supe que tenía la frecuencia correcta cuando escuché la familiar voz de Kathryn Kuhlman con su popular lema: "¡Hola! ¿Has estado esperándome?". En realidad, por su estilo —que enfatizaba demasiado las palabras—, sonaba más como algo así: "¡Hooolaaaa ¿Has estado esperaaaandome?". Entonces, por lo general, agregaba: "Es muy amable de tu parte. Sabía que estarías aquí".

Noche tras noche ella alimentaba mi alma, volviendo una y otra vez al tema que parecía ser el ancla de su ministerio. Ella lo llamaba "el Poder más grande del mundo": el Espíritu Santo.

Kathryn Kuhlman, a menudo, se burlaba de que su estilo era muy parecido al "pan de maíz de Missouri", debido a su naturaleza sencilla. Aunque no eran muy elaboradas, sus palabras eran muy significativas y tenían un gran impacto en mí.

Todavía puedo escuchar su voz entrando en mi habitación y diciendo: "Puede que te preguntes: '¿Cómo puedo ser lleno del Espíritu?'. Te daré la respuesta en pocas palabras: 'Entrega todo lo que tienes, y tú mismo, a Jesús'. Tal vez te cuestiones: '¿Es así de simple?' Así es de simple".

Sin duda, los dos factores más importantes en mi crecimiento espiritual temprano fueron el Espíritu Santo y Kathryn Kuhlman, en ese orden. Aprovechaba cada oportunidad para volver a sus reuniones de los viernes por la mañana. Si un autobús alquilado de Canadá iba a uno de sus servicios milagrosos en Ottawa, Cleveland o Buffalo, hacía todo lo posible por abordarlo.

> EL SEÑOR PERMITIÓ QUE CADA MENSAJE,
> CADA SERVICIO DE MILAGROS Y CADA
> PROGRAMA DE RADIO
> SE CONVIRTIERAN EN SEMILLAS.
> SEMILLAS QUE FUERON
> SEMBRADAS EN MI VIDA.

No mucho después de mi encuentro con el Espíritu Santo, estaba de regreso en la Primera Iglesia Presbiteriana de Pittsburgh y escuchaba atentamente mientras Kathryn contaba el precio que había pagado por el poder del Espíritu Santo. Su mensaje se centraba en la necesidad de morir a uno mismo. Todavía puedo verla mirando esa audiencia y diciendo: "Cualquiera de ustedes, ministros, puede tener lo que yo tengo si solo paga el precio".

Citaba Isaías 52, cuando Dios dijo: "¡Despierta, Sión, despierta! ¡Revístete de poder!". Explicó que las palabras "Despierta … despierta" significan "ora, ora". Así como el Señor nos dijo que "velemos y oremos" (ver Mateo 26:41). A través de los años, este mensaje ha adquirido un mayor significado para mí. El costo personal del que habló Kathryn Kuhlman fue la oración; por eso, en esa reunión tomé la decisión de pagar el precio. Esa era la clave para desatar el poder de Dios.

El Señor permitió que cada mensaje, cada servicio de milagros y cada programa de radio se convirtieran en semillas. Semillas que fueron sembradas en mi vida. Semillas que crecieron. Que florecieron. Dios usó a Kathryn con el fin de prepararme para el ministerio.

"¡ALLÍ ESTARÉ!"

A fines de noviembre de 1975, recibí una llamada telefónica de Maudie Phillips, la representante canadiense de la Fundación Kathryn Kuhlman. "Benny, sé que has querido conocer a Kathryn desde hace algún tiempo y lo tengo todo arreglado. Es más, le he estado hablando acerca de tu ministerio. ¿Puedes estar en Pittsburgh el próximo viernes por la mañana? Ella podrá reunirse contigo después del servicio".

"Por supuesto. ¡Estaré allí!", respondí con mucha emoción. La idea de que finalmente tendría la oportunidad de conocer a Kathryn Kuhlman fue emocionante.

Quería expresarle mi gratitud por el papel fundamental que había desempeñado en mi vida.

Llegué temprano a la Primera Iglesia Presbiteriana. Como de costumbre, cientos de personas estaban en fila esperando que se abrieran las puertas. Unos minutos más tarde, un miembro del personal se me acercó y me dijo: "Sé que está aquí para reunirse con la señorita Kuhlman después del servicio. Sin embargo, ella no estará aquí hoy. Está enferma y la han llevado al hospital".

Nadie podía recordar que algo así hubiera sucedido hasta ese día. Kathryn *nunca* cancelaba un servicio. Unos minutos más tarde, toda la multitud que esperaba recibió el mismo mensaje. La noticia fue motivo de gran preocupación. Estaban atónitos. En susurros, inquirían unos a otros: "Me pregunto qué tan grave es realmente lo que le ocurre. ¿Crees que nos dirán más?".

No había ninguna razón para que me quedara ahí. Salí de Pittsburgh y regresé a Canadá.

ESO ESTABA DESTINADO

Fue solo dos meses después que esa inolvidable dama partió de esta tierra para estar con el Señor.

Muchas veces me han preguntado: "Benny, cuéntame sobre Kathryn Kulhman. ¿Cómo era ella?".

Se sorprenden cuando les digo: "Ah, nunca tuve la oportunidad de conocer en persona a Kathryn".

Al reflexionar en mi viaje a Pittsburgh, creo que lo que sucedió ese día estuvo enmarcado en la providencia de Dios.

Como les dije recientemente a los miembros de mi personal: "Si hubiese conocido a Kathryn, es posible que siempre hubiera creído que ella me dio la unción, o que Dios pudo haberla usado de alguna manera para transferírmela". Pero no, el Señor quería que yo supiera claramente que la unción viene de él, no de ninguna persona.

Dios usa a sus siervos para influenciarnos de tal manera que marchemos en sus caminos, incluso para llevarnos a una atmósfera en la que ocurran milagros. El Señor no me dio ningún poder ni don especial a través de Kathryn Kuhlman, sino que usó esa sierva suya para ayudarme a encontrar la unción. Como leerás en estas páginas, ciertamente Dios usa a las personas, pero él es su única Fuente.

¿Por qué quiero contarte esta notable historia de Kathryn Kuhlman? Porque este relato muestra lo que puede suceder cuando una persona común se entrega por completo al Espíritu Santo.

En el transcurso de su vida ella decía que murió mil muertes, pero hubo un gran triunfo. Su Dios estaba muy vivo.

CAPÍTULO 2

Milagros en la calle principal

"¡ERA UN FENÓMENO!", me dijo mi amigo Ralph Wilkerson hace un tiempo. "Esa es la única forma en que puedo describir las reuniones de Kathryn en el Santuario". El fundador y pastor de Melodyland Christian Center en Anaheim, California, estaba hablando de las reuniones vespertinas dominicales que Kathryn Kuhlman efectuaba —en la última década de su vida— cada mes en el Shrine Auditorium de Los Ángeles, con capacidad para 7.500 personas.

"Las puertas no se abrían hasta la una de la tarde", dijo Ralph, "pero a las nueve y media de la mañana la multitud era tan grande que había que contratar oficiales especiales para mantener el orden". Solo aquellos que estaban en sillas de ruedas o en camillas, los cuales eran muchos, podían entrar antes por una puerta designada para ese fin.

La gente llegaba en taxis, limusinas, camionetas y a pie. Los autobuses, e incluso los aviones, venían de las principales ciudades del oeste y, a menudo, de otros países. "No era inusual que llegaran cuarenta o cincuenta autobuses alquilados para un solo servicio", recuerda Ralph. En algunos días, el edificio podría haberse llenado fácilmente dos veces. Miles de personas decepcionadas no podían entrar.

Antes de cada servicio, cientos de miembros del coro ensayaban bajo la dirección del Dr. Arthur Metcalfe, un músico distinguido que había estado con Kathryn Kuhlman por años. En el órgano estaba otro antiguo miembro del equipo, Charles Beebee. Los ujieres y los consejeros ocupaban los lugares designados para ellos, mientras que Kathryn estaba detrás del escenario, orando y verificando dos veces simultáneamente para asegurarse de cada detalle del servicio.

Diez minutos después de que se abrían las puertas, el edificio estaba repleto. "Kathryn siempre creyó que cuando el edificio estaba lleno, era hora de comenzar, incluso si era mucho antes de la hora de inicio anunciada", me dijo Wilkerson.

UN ESTRUENDOSO APLAUSO

Jamie Buckingham describió una vez el comienzo de un servicio al que asistió en el Santuario. "El coro estalló en un cántico. 'Explotó' es la única palabra para describirlo, ya que repicaron los sonidos del *Fuego Pentecostal*", dijo. "No solo cantaron, se desbordaron; estallaron en una alegre aclamación de sonido y armonía. La música sonó hasta que las paredes vibraron tanto que mi cuero cabelludo se estremeció".

Después de que el Dr. Metcalfe dirigió la coral en algunos himnos y cánticos más conmovedores, comenzaron a cantar lo que se convirtió en el lema musical —y "marca registrada"— del ministerio de Kathryn Kuhlman: *Me ha tocado.*

Por lo general, cuando se cantaba ese coro, Kathryn Kuhlman aparecía repentinamente en la plataforma. Como lo describió Buckingham: "Su largo cabello castaño rojizo brillaba bajo las refulgentes luces de colores. Su sonrisa era cautivadora, fascinante. Parecía que brotaba electricidad de ella. La congregación prorrumpió en un estruendoso aplauso, una demostración espontánea de su amor por ella".

> "SU SONRISA ERA CAUTIVADORA, FASCINANTE. LA ELECTRICIDAD PARECÍA BROTAR DE ELLA".

UN SILENCIO SACRO

En cada reunión, las personas se veían envueltas en un genuino espíritu de adoración, no por Kathryn, sino por el Dios al que ella servía. La música y la alabanza continuaban hasta que un silencio sacro descendía en el lugar y ella oraba de una manera maravillosa; no era nada memorizado, sino algo extraído profundamente de su interior. "Sabemos, Padre, que hoy —en este lugar— van a ocurrir milagros. Sentimos la bendita presencia del Espíritu Santo. Prometemos darte toda la alabanza, toda la gloria, por lo que está por suceder aquí. Derrama tu Espíritu Santo sobre nosotros, por amor a Cristo".

> SUS REUNIONES SIEMPRE ERAN AVIVADAS Y, A MENUDO, LLENAS DE RISAS. ERAN UN REFLEJO GENUINO QUE IRRADIABA SU PERSONALIDAD.

Después de encomendar el servicio al Señor, por lo general, Kathryn empezaba departiendo un momento grato con su audiencia, contando algo divertido ocurrido durante esa semana o pidiéndole a la gente que dijera de qué estado o de qué país habían venido para asistir al servicio. Sus reuniones siempre eran avivadas y, a menudo, llenas de risas. Eran un reflejo genuino que irradiaba su personalidad.

ERA PODEROSO

Las personas se sentían atraídas a las reuniones de Kathryn Kuhlman debido a las manifestaciones del Espíritu Santo. Nunca sabían muy bien qué esperar. A veces ella predicaba durante una hora o más. En otras ocasiones invitaba al escenario a personas que habían sido sanadas en cultos anteriores. A menudo, cientos eran "tomados en el espíritu", algo que exploraremos más adelante.

Al final, habría un momento en que ella sentiría que el poder sanador de Dios comenzaba a tocar a las personas de la audiencia. Era poderoso. "Un momento", decía, señalando de inmediato un lugar en el balcón, "alguien acaba de recibir sanidad en la parte baja de la espalda. Y la visión de alguien está siendo restaurada".

La multitud se agitaba, mirando a su alrededor mientras Kathryn proclamaba docenas de sanaciones. Los miembros del personal, encabezados por Maggie Hartner y Ruth Fisher, se desplegaban por el auditorio para escuchar en persona los relatos de los milagros que sucedían. Muchos eran conducidos a la plataforma para que dieran testimonio público de sus curaciones.

Las historias médicamente documentadas de los milagros que ocurrieron están registradas en sus libros: *Dios puede hacerlo de nuevo*, *Nada es imposible para Dios* y *Yo creo en los milagros*.

LOS BURLONES

¿Hubo críticos? Por supuesto que los hubo. La historiadora Helen Kooiman Hosier escribió en su biografía de Kathryn Kuhlman: "Descubrí una y otra vez que gran parte de las personas comenzaban a burlarse cuando iban a sus cultos. Iban por curiosidad, más que nada. Eran cautelosos. Había una franca desconfianza por parte de algunos; cierta desesperación por parte de muchos otros; y había los que eran intensamente leales. Había reacciones extremas, pero nadie podía negar el hecho de que sucedían cosas fuera de lo común".

EL MILAGRO MÁS GRANDE
DE TODOS

En cada servicio, prácticamente, Kathryn concluía con una súplica apasionada para que las personas entregaran su corazón a Jesucristo. Cientos pasaban al frente, abarrotando los pasillos para pronunciar la oración del pecador con ella. Cosa que realmente ella creía y por lo que les decía: "Que tus pecados sean perdonados es el milagro más grande de todos".

Cuando el servicio finalizaba con la coral vocalizando un poderoso arreglo del himno *Es la vida de mi alma*, Kathryn Kuhlman abandonaba el escenario, pero no el edificio. Inmediatamente caminaba hacia la sección llena de sillas de ruedas y camillas, orando por los que no habían sido sanados.

Cuando la gente miraba sus relojes, no podían creerlo. Llevaban cuatro horas en el auditorio, aunque les parecía que solo eran cuarenta minutos.

EN LOS TITULARES

A fines de la década de 1960 y principios de la de 1970, el nombre de Kathryn Kuhlman se convirtió en una palabra familiar. La revista *People* publicó un reportaje fotográfico de cuatro páginas, fue invitada al Show Nocturno de Johnny Carson y al Show de Dinah Shore. Los comediantes populares de la época, Flip Wilson y Ruth Buzzi, imitaban su estilo dramático. Millones de espectadores sintonizaban asiduamente su programa de televisión semanal, en una época en que solo había espacio para estar de pie en los auditorios de todo Estados Unidos.

> ES LA VIDA DE MI ALMA
> CRISTO, MI CRISTO
> ES LA VIDA DE MI ALMA
> ES JESÚS MI SALVADOR
> CRISTO, CRISTO, CRISTO, MI CRISTO
> ES LA VIDA DE MI ALMA
> ES JESÚS MI SALVADOR.

La revista *Time* escribió, en 1970, lo siguiente: "Kathryn Kuhlman luce ante todo el mundo como docenas de mujeres en su audiencia. Pero oculta debajo del peinado al puro estilo de Shirley Temple —de 1945— yace una de las mujeres carismáticas cristianas más notables de Estados Unidos. Ella es, en efecto, una verdadera representación del santuario de Lourdes. En cada uno de sus servicios recientes, en Los Ángeles, Toronto y su base de operaciones en Pittsburgh, parecen ocurrir sanidades milagrosas".

Muchos se sorprenden al saber que su paso al escenario nacional se produjo después de una gran apatía.

A principios de la década de 1950, Kathryn se aventuró a ministrar en ciudades cercanas como Akron y Cleveland, pero no mucho más lejos. Le llovían las invitaciones de Dallas, Seattle, Los Ángeles, Londres y más allá, todos la cortejaban para llevar su dinámico ministerio a sus ciudades. Por razones que nadie podía entender, los rechazó a todos. Por casi quince años se contentó con quedarse en las cercanías de su ciudad.

"NO ME INTERESA"

"Le supliqué, literalmente, a Kathryn que celebrara reuniones en la costa oeste y ella se negó", me dijo Ralph Wilkerson. Su ministerio de sanidad estaba floreciendo en Anaheim, por lo que sintió que ella solo multiplicaría lo que Dios ya estaba haciendo en el sur de California.

Diez años antes, el evangelista de las Asambleas de Dios C. M. Ward le profetizó a Wilkerson que iban a suceder dos cosas en el reino: "Va a haber un mayor énfasis en la enseñanza de la Biblia y va a venir una gran mujer evangelista a la costa oeste". Ralph nunca olvidó esas palabras.

El pastor californiano a menudo patrocinaba grandes actividades en el área, incluidas las que presentaban a David Wilkerson (que no era familiar suyo), fundador de Teen Challenge y autor del libro *La cruz y el puñal*. Kathryn Kuhlman había sido una firme auspiciadora financiera de los proyectos de rehabilitación de drogas de Teen Challenge. Por otra parte, David Wilkerson instó repetidas veces a Ralph a que la invitara.

"Le dije a Dave que si me ayudaba a organizar una reunión con Kathryn, mi esposa y yo con mucho gusto volaríamos a Pittsburgh", dijo Ralph. "Nunca había estado en uno de sus cultos y estaba ansioso por conocerla en persona".

Incluso con todos esos informes entusiastas, Ralph Wilkerson quería asegurarse de que ese fuera el tipo de ministerio que podía respaldar. Así que organizaron la reunión y, a fines del verano de 1964, Ralph y su esposa, Allene, abordaron un avión para Pittsburgh.

UNA PRESENCIA INCONFUNDIBLE

Ellos sabían que Kathryn Kuhlman dirigía una reunión semanal los domingos por la mañana en Youngstown, Ohio, al otro lado de la frontera estatal con Pensilvania. Sin previo aviso, se dirigieron al Stambaugh Auditorium y se infiltraron en el servicio. "Llegamos una hora antes y apenas pudimos hallar unos puestos para sentarnos en el edificio de 2.500 asientos", recuerda Ralph.

En el momento en que Kathryn subió a la plataforma, ellos sintieron la presencia inconfundible del Señor. "Estábamos totalmente en casa. La música, el mensaje, los milagros, la libertad en el Espíritu, era muy parecido a los cultos que estábamos realizando en Anaheim". Ralph estaba convencido de que esa mujer de Dios tendría un gran impacto en el sur de California.

A la mañana siguiente, antes de la reunión programada con Kathryn Kuhlman en sus oficinas de Carlton House, Ralph caminó por las calles del centro de Pittsburgh, interrogando a la gente acerca del ministerio de ella. "No encontré una sola persona que no supiera sobre ella y, aunque la mayoría no eran seguidores suyos, hablaban en términos elogiosos de su trabajo en su ciudad". Escuchó historias sobre alcohólicos que ahora cantaban en su coro y conoció a un hombre cuya esposa fue sanada en uno de sus cultos.

"¿POR QUÉ DEBERÍA IR?"

Esa tarde, Ralph y Allene le abrieron el corazón a Kathryn. Compartieron la visión que tenían con la ciudad de Los Ángeles.

—Estoy seguro de que esto es de Dios —le confió Ralph.

—¿Por qué debería ir? —respondió ella, mencionando que tenía la agenda del ministerio completa con actividades en Pensilvania y en Ohio. Además, se rio porque se consideraba una chica campesina de Missouri y se preguntaba si sería aceptada en la capital mundial del cine. Con cortesía, pero con firmeza, les dijo a los Wilkerson—: No, realmente no me interesa ir allá.

—Por favor, ore al respecto —suplicó Ralph antes de irse—. Por favor, ore.

"MANTENTE PIDIENDO"

Pasaron los meses y no hubo respuesta de Kathryn Kuhlman.

Entonces, un día, a principios de 1965, sonó el teléfono. "Hola. ¿Es Allene? —preguntó la voz al otro lado de la línea—. Soy Oral Roberts".

Oral era un buen amigo de los Wilkerson; lo habían ayudado en muchas de sus cruzadas a través de los años. Oral le explicó que estaba en una campaña en Cleveland y la madre de su organista acababa de fallecer. "Sé que esto es muy repentino, pero ¿podrías venir y reemplazarla?".

Allene habló de eso con Ralph y este le dijo:

—Puedes ir, pero con una condición.

—¿Qué condición? —le preguntó ella.

—Después de la campaña, quiero que viajes a Pittsburgh y vuelvas a ver a Kathryn Kuhlman. Y no regreses hasta que acepte venir al sur de California.

Allene no solo hizo arreglos para reunirse con Kathryn, sino que también la invitaron a quedarse en su casa en Fox Chapel, un suburbio en la zona norte del río Allegheny.

"Ralph, estoy haciendo todo lo posible para animarla a ir al oeste, pero aún se niega", le dijo Allene a su esposo cuando llamó a casa la primera noche. "Bueno, por favor, sigue pidiéndole", le insistió él.

Kathryn Kuhlman habló sobre su abrumadora carga de trabajo. "Realmente no quiero expandir el ministerio", le explicó.

Sin embargo, Allene estaba decidida. Luego, al cuarto día, Kathryn la llamó aparte y le dijo: "He estado orando por esto y realmente creo que es de Dios. Dile a Ralph que iré a California, pero únicamente para un solo servicio. ¡Solo uno!".

Ralph reservó de inmediato el Centro Cívico, en Pasadena, y asistieron 2.500 personas, la mayoría de la iglesia de Wilkerson, ya que Kathryn Kuhlman apenas era conocida en la costa oeste.

"La noticia de los milagros en ese servicio se regó como la pólvora", recuerda Ralph. "Kathryn se olvidó de su acuerdo de 'un solo servicio' y regresó un mes después para una segunda reunión".

CAUTIVÓ LA CIUDAD

Para el tercer servicio, el auditorio del Centro Cívico estaba lleno hasta el tope y cientos de personas decepcionadas que no pudieron entrar a la actividad.

A los pocos meses era obvio que Kathryn necesitaba un edificio mucho más grande. "Llegaban autobuses alquilados llenos de personas para asistir a los servicios", recuerda Ralph.

Kathryn Kuhlman negoció con los propietarios del Shrine Auditorium, con capacidad para 7.500 asientos —en Harbor Freeway— cerca del centro de Los Ángeles. Abarrotados al máximo, más de 2.000 personas no pudieron entrar el primer domingo por la tarde. Esta historia se repetiría durante los próximos diez años llenos de acontecimientos.

Ella cautivó la ciudad. "Una vez, durante una firma de libros en los grandes almacenes por departamento May Company, las filas que hacían las personas para saludar a Kathryn Kuhlman se extendían más allá de la puerta del establecimiento y zigzagueaba alrededor de la cuadra", me dijo Wilkerson.

EN EL ESCENARIO

Sus visitas mensuales a California, el corazón de los estudios de producción de cine y televisión más grandes del mundo, despertaron su interés en cuanto a la posibilidad de agregar los medios de comunicación masivos a su ministerio evangelístico. Sin embargo, había un problema. Ella ni siquiera consideraría una clase de aventura como esa a menos que pudiera hallar al mejor productor y el mejor estudio de grabaciones posible.

Todo lo que ella hacía para el Señor tenía que hacerlo de primera clase. Aquellos que me conocen saben que concuerdo absolutamente con esa filosofía y no me disculpo por desear la excelencia. Muchas veces veía a los rostros de mi personal y decía: "Recuerden, el Señor merece lo mejor de nosotros".

En la primavera de 1966 Kathryn conoció a Dick Ross, un productor muy respetado en la industria cinematográfica de Hollywood. Acababa de completar catorce años produciendo películas ampliamente aclamadas para la organización Billy Graham.

> "RECUERDEN,
> EL SEÑOR MERECE LO MEJOR
> DE NOSOTROS".

Sus personalidades encajaron la primera vez que se conocieron en el Century Plaza Hotel, donde se hospedaba Kathryn Kuhlman cuando viajaba a Los Ángeles. Así que decidieron adoptar un programa, con un formato de media hora semanal, que llevaba el nombre de "Creo en los milagros" y firmaron un contrato para producir la serie en los estudios de la cadena televisiva Columbia Broadcasting System, mejor conocida como CBS.

El decorado del escenario era un jardín adornado con flores. Había música, una entrevista a alguien que había sido sanado milagrosamente por el Señor a través de su ministerio, y una charla de corazón a corazón. Simple, pero efectivo.

Cada dos meses, miércoles y jueves, Kathryn grababa ocho programas; no creía en las reposiciones. Con 500 programas en poco menos de diez años, se convirtió en la serie de media hora de mayor duración jamás producida en CBS. Se distribuyó en los principales mercados de todo el país.

Los que trabajaron con ella dicen que después de cada grabación, inmediatamente se dirigía a una sala de visualización privada y observaba de manera crítica cada segmento. Si notaba el más mínimo error, regresaba al estudio y pedía una nueva toma.

"LA REINA DEL LUGAR"

Dick Ross le dijo a un reportero: "Desde el principio, Kathryn Kuhlman fue aceptada por el personal de CBS y se convirtió en una especie de reina del lugar. Cuando ella entraba en el estudio había una constante procesión de personas —desde el nivel ejecutivo hacia abajo—, que la amaban y que pasaban por allí solo para verla y saludarla".

A veces, cualquier camarógrafo o empleado de la cabina de edición o de la estación traía a un niño enfermo o a un miembro de la familia y le pedía a Kathryn que orara por ellos. Ella nunca se negó a responderles.

Cuando Kathryn Kuhlman salía del estudio, a menudo escuchaba a los miembros del personal de CBS —que rara vez iban a una iglesia— decir: "Iré al Santuario el próximo mes". Ross acotó: "La televisión se convirtió en su medio comunicacional por excelencia. Lo cual se relacionaba estrechamente con los servicios que ella brindaba en sus eventos. Los cultos eran el escenario en el que surgían los milagros; el programa televisivo se convirtió en el medio para testificar de ello a millones de personas en todo el país".

"¿POR QUÉ NO?"

Kathryn tenía un maravilloso sentido del humor.

Jimmie McDonald, que ha cantado en muchas de nuestras cruzadas, recuerda el día en que uno de los directores de piso de CBS quiso jugarle una broma a la presentadora Carol Burnett, que también grababa su programa en esos mismos estudios. "Cuando se enteró de la trama", dice Jimmie, "Kathryn mostró una mirada de niña en sus ojos, sonrió y dijo: 'Sí. ¿Por qué no?'".

> "LOS CULTOS ERAN EL ESCENARIO
> EN EL QUE SURGÍAN
> LOS MILAGROS".

El hombre explicó que Carol Burnett se jactaba ante sus compañeros de reparto de que siempre sabía lo que estaba pasando durante su programa, y tenía el récord de no haber sido "interrumpida" por nadie. El director de piso le dijo a Kathryn: "Se supone que Carol debe decir unas palabras y abrir la puerta. Y se espera que uno de sus compañeros de elenco salga y la sorprenda, ¡pero serás tú! Entonces veremos si finalmente podemos hacerla reír".

> "EL PROGRAMA TELEVISIVO SE CONVIRTIÓ EN EL MEDIO PARA TESTIFICAR DE ELLO A MILLONES DE PERSONAS EN TODO EL PAÍS".

McDonald dice: "Kathryn pensó que eso sería extremadamente divertido, por lo que accedió a hacerlo. Así que entró en el estudio contiguo y se quedó esperando sin que la vieran. A su señal golpeó la puerta del escenario. Cuando Carol Burnett llamó a la persona para que saliera, Kathryn Kuhlman cruzó la puerta y entró al escenario. Luego exclamó: '¿Has estado esperándome?'".

Jimmie agregó: "Carol Burnett perdió los estribos y se revolcó en el suelo, riendo incontrolablemente. Era hora de vengarse de las muchas veces que Carol hizo reír a todos con sus exageradas imitaciones de Kathryn Kuhlman". Nadie sabe con certeza si el clip se trasmitió alguna vez, pero lo cierto es que se convirtió en el tema de conversación de los estudios de CBS.

Una larga lista de celebridades del mundo del espectáculo asistían a sus reuniones en el Shrine Auditorium. Allí se reservaba una sección del balcón donde podían sentarse sin ser molestados y Kathryn tenía como norma no mencionarlos nunca desde la plataforma.

LA CARTA DEL ALCALDE

Debido a la creciente exposición en la televisión nacional, Kathryn Kuhlman recibió cientos de invitaciones de todo el mundo, de iglesias de muchas denominaciones, seminarios, conferencias y convenciones internacionales.

Una carta llamó inmediatamente su atención. Era de Oran Gragson, alcalde de Las Vegas, Nevada, y de los integrantes del Consejo de la ciudad. Estaban extendiendo una invitación oficial para que Kathryn Kuhlman visitara su localidad. Más aun, prometieron hacer todo lo que estuviera a su alcance para hacer del evento un gran éxito.

Su mente comenzó a dar vueltas. ¡No solo aceptaría la invitación, sino que filmaría todo el servicio! Eso sería algo diferente de lo que usualmente era la norma.

Kathryn se negaba constantemente a permitir que las cámaras de video o de cine estuvieran presentes en sus servicios. Ella sentía que esas cosas evitaban que se enfocara en lo que Dios quería que sucediera. Solo cuatro veces hizo una excepción. A Ralph Wilkerson se le permitió grabar en video su ministerio en una conferencia carismática en Melodyland en 1969; luego se filmaron varios videos cuando ella habló en las Conferencias Mundiales sobre el Espíritu Santo de 1974 y 1975, en Israel, y todo el servicio de milagros de Las Vegas.

¿Qué hizo que decidiera grabar el evento de Las Vegas en una película? Una de sus amigas cercanas me dijo: "Pienso que Kathryn conocía la gravedad de su estado físico y creía que había llegado el momento de preservar para siempre uno de sus cultos. Por supuesto, ella quería que se hiciera a la perfección".

Kathryn también sabía que si había alguien que podía producir una película de calidad como la que ella deseaba, era Dick Ross, el director de su programa de televisión.

LA CIUDAD ESTABA MUY EMOCIONADA

A medida que se acercaban los preparativos para el servicio en el Centro de Convenciones, el alcalde Gragson proclamó el 3 de mayo de 1975 como el "Día de Kathryn Kuhlman en Las Vegas". La ciudad entera estaba alborotada por eso. Se veían carteles que anunciaban la reunión en los casinos de juego y se hicieron anuncios en los clubes nocturnos. Lo siguiente está registrado: "Un comediante judío, que encabezaba un espectáculo en el Circus Maximus —un lujoso club nocturno en el Caesar's Palace— apuntó con su cigarro a la audiencia abarrotada y dijo: 'Ah, por cierto, Kathryn Kuhlman está en la ciudad. Saben quién es ella, ¿no? El alcalde la ha invitado a celebrar un servicio de milagros en el auditorio de la ciudad. Espero que se olviden de las máquinas tragamonedas y asistan al evento. Yo estaré allí. Esa Kathryn Kuhlman, ¡es una mujer impresionante!'".

Los pastores de numerosas iglesias hicieron que sus miembros trabajaran y se mantuvieran orando varias semanas antes del evento. Y un sacerdote de una de las iglesias católicas romanas más grandes de la zona celebró una misa especial el día anterior al servicio.

"AH, POR CIERTO, KATHRYN
KUHLMAN ESTÁ EN LA CIUDAD.
SABEN QUIÉN ES ELLA, ¿NO?"

La noche anterior a la reunión, los hoteles con casino en lo que se conoce como la "Ciudad del Pecado" se estaban llenando: el Stardust, el Sahara, el Hilton, pero no con jugadores ni apostadores, sino con el pueblo de Dios. Personas que procedían de casi todos los puntos cardinales.

La escena fuera del Centro de Convenciones a la mañana siguiente fue caótica. Comenzaron a llegar autobuses llenos de personas procedentes de Reno, Phoenix, San Francisco y otras ciudades. Hubo vuelos alquilados desde Denver, Dallas, St. Louis y Seattle. Incluso un grupo de Hawái.

Ocho mil asistentes llenaron el Centro de Convenciones y miles más no pudieron ingresar.

Un reportero del *Logos Journal* (de julio de 1975) escribió la siguiente nota: "Todos estaban allí. Los operadores de casinos. Las prostitutas. Los jugadores. Los animadores. Las chicas cantantes. Las nudistas. Los traficantes. Además de la comunidad cristiana que había trabajado muy fuerte antes de la llegada de la evangelista. Y el alcalde ocupaba la primera fila".

¡Ah, qué clase de culto! He visto esa película muchísimas veces y nunca dejo de sentir la unción del Espíritu Santo que impregnó ese lugar.

Más de 700 personas de la coral elevaron sus voces, acompañados por una orquesta completa. Jimmie McDonald cantó como nunca. Y cuando Kathryn subió a ese escenario, el aplauso fue ensordecedor.

Ese día oró así: "Maravilloso Jesús, no tengo nada que darte. Si puedes agarrar ese nada y usarlo, te lo ofrezco. Te amo; todo lo que puedo darte es mi vida y cada pizca de fuerza de mi ser. Eso es todo lo que puedo darte".

¡AHORA PODÍA OÍR!

La fe comenzó a descender cuando Kathryn invitó a Sunny Simons al micrófono. Ella era una corista que testificó de su milagrosa curación de la esclerosis múltiple en una reunión en Los Ángeles.

> "MARAVILLOSO JESÚS,
> NO TENGO NADA QUE DARTE.
> SI PUEDES AGARRAR ESE NADA
> Y USARLO, TE LO OFREZCO".

En medio del servicio y en cada sección del Centro de Convenciones, comenzaron a manifestarse las sanidades; por lo que la gente corría hacia el frente para dar sus testimonios, incluido un agnóstico que había sido sordo de ambos oídos. ¡Ahora podía oír!

Su mensaje ese día, sobre el señorío de Cristo, fue directo e inexorable. "¿Quieres la maravillosa seguridad de tu salvación? ¿Te gustaría saber que tus pecados han sido perdonados?".

SU MENSAJE ESE DÍA, SOBRE EL SEÑORÍO DE CRISTO, FUE DIRECTO E INEXORABLE.

Era imposible contar el número de los que pasaron al frente por salvación. Ese lugar se convirtió en una masa humana.

Jimmie McDonald comenzó a cantar el coro "Aleluya, Aleluya", y toda la audiencia lo acompañó alabando al Señor, incluido un guardia de seguridad uniformado cuyo rostro estaba lleno de lágrimas. Fue un ambiente muy apropiado para la histórica película que llevaría el título: *Tierra seca, agua viva*.

Kathryn ministró ese día durante casi cinco horas. Puede que Las Vegas haya sido sede de muchos eventos espectaculares, pero nunca había presenciado algo así.

Después de ese día, Kathryn Kuhlman se volvió más consciente de que el reloj de su vida estaba corriendo. En los meses siguientes enfrentaría valles y victorias, triunfos y tragedias. Sin embargo, nada de eso era nuevo. Era la continuación de la saga de su cautivadora vida.

Déjame llevarte al lugar donde todo comenzó.

CAPÍTULO 3

¿No puedes callarte?

ERA UNA CALUROSA mañana de verano mientras conducíamos hacia el este por la carretera Interestatal 40 desde Kansas City. "Espero que se den cuenta de lo significativo que es este viaje para mí", les dije a los amigos en el coche. Esa misma noche, jueves 15 de julio de 1993, comenzaríamos una cruzada de dos noches en Kemper Arena, pero este viaje de noventa kilómetros a través de los campos sinuosos de Missouri occidental era más que una excursión. Para mí, era una peregrinación.

Giramos a la derecha en la carretera estatal State Road 23 e inmediatamente vimos un letrero que nos daba la bienvenida a Concordia, el pueblo al que Kathryn Kuhlman había llamado hogar por primera vez en catorce años de su vida.

Abajo, en Topsy's Cafe, tuvimos una conversación cordial con Willis Oglesby, el alcalde de esa comunidad

59

luterana alemana de poco más de dos mil habitantes. "Estamos orgullosos de nuestra pequeña ciudad", sonrió, alardeando de su historia centenaria, "pero supongo que somos más conocidos en todo el país como el lugar de nacimiento de Kathryn Kuhlman".

Esa misma semana llegaron autobuses con un grupo turístico de 150 personas desde St. Louis. Su excursión planificada previamente incluyó visitar los sitios de la infancia de Kathryn, luego un almuerzo atendido por el Club Luterano High Booster de Saint Paul: chucrut, salchichas, ensalada de papa alemana, tomates frescos y pasteles caseros.

CORAZONES EN ARMONÍA

Durante mi visita a ese lugar, supe que la primera ola de inmigrantes comenzó a cultivar esa rica tierra en 1839 y trató de establecer una comunidad basada en el trabajo arduo, el respeto mutuo y el amor fraterno. Cuando su número creció y llegó el momento de darle un nombre oficial a su nuevo hogar, los colonos querían que reflejara su unidad o su concordia. El logo de la ciudad refleja esos sentimientos. Incluye tres corazones entrelazados con las palabras "Concordia, corazones en armonía desde 1860".

Los abuelos de Kathryn, John Henry Kuhlman y Catherine (Borgstedt) se casaron en Alemania y estaban fascinados con las historias de aquellos que habían cruzado el Atlántico para establecerse en un lugar llamado Missouri. En 1853, abordaron un barco y comenzaron su aventura americana.

Seis kilómetros al sur de Concordia, la pareja encontró ciento sesenta hectáreas que parecían tener un gran potencial. En ese momento, el gobierno estaba vendiendo parcelas por alrededor de $1.25 por hectárea.

Después de meses de talar, cultivar, cortar y construir, crearon la granja familiar Kuhlman.

Su sueño de vivir en una tierra de paz se vio destrozado nueve años después cuando Missouri, un estado esclavista, se vio involucrado en la Guerra Civil. Muchos de los cercanos propietarios ricos de Lexington tenían esclavos, pero no los alemanes de Concordia. En 1862 y 1863, bandas delincuenciales de simpatizantes confederados llamados "Bushwhackers" efectuaron saqueos brutales en su ciudad. Ciudadanos inocentes fueron asesinados y mutilados. Ataban familias completas a sus camas mientras sus hogares eran quemados hasta los cimientos. Una placa cerca del ayuntamiento honra a los concordianos que murieron a manos de esos hombres traicioneros.

No mucho después de esos días aterradores, el 11 de abril de 1865, los Kuhlman le dieron la bienvenida a su séptimo hijo, Joseph, en la granja familiar. Por supuesto, nadie podría haber imaginado que Joe sería el padre de alguien que algún día se llamaría "la evangelista más prominente que haya vivido".

EL CORONEL

Joe tenía veinticinco años cuando se casó con Emma Walkenhorst, de diecisiete años, hija de uno de los líderes comunitarios de la ciudad. Su padre, William, participó en seis batallas de la Guerra Civil y se convirtió en el jefe de correos. Era muy respetado, tanto que la gente de la ciudad lo llamaba "El Coronel".

Aunque Missouri no emitió certificados de nacimiento hasta 1910 y las copias del periódico local faltan de 1907 a 1911, los documentos escolares locales y una vieja Biblia familiar registran que Kathryn Johanna Kuhlman nació el 9 de mayo de 1907. Era la tercera criatura de Joe y Emma. Myrtle, su hermana mayor, tenía quince años en ese tiempo, y su hermano Earl, diez. Más tarde, una niña llamada Geneva completó la familia.

Kathryn, a menudo, era reticente cuando la gente quería conocer la fecha exacta de su nacimiento. Supongo que es un derecho de las mujeres querer parecer más jóvenes de lo que realmente son.

Joe dirigió exitosamente un negocio de carros tirados por caballos, poseía carros construidos para transportar cargas pesadas. Además de su empresa de entrega, también poseía un establo de alquiler. Con el tiempo se convirtió en un ciudadano influyente y fue elegido alcalde de la ciudad.

Kathryn tenía dos años cuando su padre vendió la granja y construyó "la gran casa blanca en la ciudad" que siempre le prometió a Emma. Disfruté visitando la atractiva casa de dos pisos en la calle St. Louis, número 1018.

Charlé con Roland Petering, uno de los amigos de la infancia de Kathryn que se crió en la casa contigua.
—¿Cómo era ella de niña? —le pregunté.
—Ah, ella siempre estaba haciendo travesuras —dijo él con una sonrisa en los labios.

Petering se mudó a Kansas City, pero nunca perdió el contacto con su compañera de juegos de Concordia.

—Ella siempre me enviaba copias firmadas de sus últimos libros y cuando asistía a una de sus reuniones me llamaba al escenario —recordó. Se reían públicamente de los pasteles de barro que solían hacer cuando eran niños.

"AH, ELLA SIEMPRE ESTABA HACIENDO TRAVESURAS", DIJO ÉL CON UNA SONRISA EN LOS LABIOS.

UNA SORPRESA PARA MAMÁ

Al recordar sus primeros días, Kathryn disfrutaba particularmente contando la historia de cómo sorprendió a su madre cierta vez. "Todavía no tenía seis años, pero pensé que sería maravilloso darle una fiesta de cumpleaños a mamá. Quería consentirla. Así que sin decirle nada a nadie de mi familia, recorrí la ciudad e invité a todas las damas que habían sido amables conmigo".

Visitó a cada una de esas damas y les dijo: "El lunes es el cumpleaños de mi mamá y quiero que vengan a nuestra casa a las dos en punto y traigan un pastel".

Kathryn explicó: "Como saben, la teología de mamá era que llueva, truene o relampaguee, nosotros lavamos los lunes. Siempre. Ese era el día de lavar. Esa era la ocasión en que sacaba la vieja tabla de lavar, la tina galvanizada y el escurridor de manos".

Llegó el lunes, y después de que Emma terminó el lavado semanal, tomó una breve siesta. A las dos en punto sonó el timbre de la casa. "Mamá, con sus rulos en la cabeza y un vestido de trabajo sucio, acudió a la puerta principal. Y vio a una mujer a la que nunca habría dejado entrar en su casa, de pie en el porche con un pastel". Y, detrás de ella, más invitadas llegando a su casa, vestidas con sus mejores galas dominicales, cada una con un pastel bellamente decorado.

La madre de Kathryn estaba completamente avergonzada, deseando correr y esconderse. Pero no pudo; ya la habían visto. Emma no tuvo otra opción que dejar entrar a las mujeres. "¡Feliz cumpleaños!", exclamaron todas. Kathryn, encantada, observaba el proceso desde detrás de los arbustos. "Invité a treinta y aparecieron todas".

Emma sobrevivió a la sorpresa. Sin embargo, Kathryn estaba en un gran problema. "Durante las siguientes dos semanas, desayunaba, almorzaba y cenaba de pie", recordó.

"¡ESTÁS EXPULSADA!"

La extrovertida pelirroja podía convencer a la gente de casi cualquier cosa. Una de sus bromas, sin embargo, fracasó. Una vez convenció a algunos compañeros de estudio para que asistieran a un funeral en una iglesia evangélica. Ninguno de ellos tenía la menor idea de quién había fallecido, pero decidieron actuar como si lo supieran. ¿Cómo logró tal truco? "Convencí a los niños de que podíamos hacer felices a los muertos. Eso contribuía a la felicidad de la humanidad".

La treta no fue bien recibida por los funcionarios escolares. Su juicio fue duro. "¡Estás expulsada!", le dijeron. Su padre necesitó algunas súplicas fervientes de ella antes de que la reincorporara a su escuela. Sus frecuentes castigos no empañaron su espíritu aventurero.

El historiador Wayne Warner relata: "Uno de los recuerdos favoritos de Kathryn —acerca de Concordia— era la feria callejera, o Festival de Otoño, que se celebraba todos los años y que sigue siendo un momento destacado cada septiembre. Los juegos mecánicos, el algodón de azúcar, las apariciones asombrosas y otras maravillas hacían del festival el acontecimiento del año. Sin embargo, una de esas ferias fue traumática porque en ella murió un gallo que era la mascota de Kathryn".

Ella dijo: "Decidí que participaría con mi gallo en la competencia de aves de corral". Sin decirle una palabra a su familia, puso al gallo en una caja y lo colocó en su carretita. "Sabía que ganaría el primer premio".

Sin embargo, eso no sucedió. Mientras halaba su precioso cargamento al otro lado de la calle, sucedió algo terrible. Kathryn dijo: "Un anciano granjero que conducía sus caballos y un carro venían por la calle, y los caballos se asustaron".

Warner continuó: "Los caballos se desbocaron y Kathryn corrió para apartarse de su camino, dejando a su gallo en medio de la calle. En el tumulto, los caballos desbocados volcaron su gran carreta sobre la carretita de Kathryn, aplastando a su gallo".

> SUS FRECUENTES CASTIGOS
> NO EMPAÑARON SU ESPÍRITU
> DE AVENTURA.

Hay quienes recuerdan su personalidad extrovertida más que sus hábitos de estudio. Incluso ella admitió lo mismo: "Mis notas no eran muy buenas, pero hacía feliz a la gente".

Su talento para el drama fue evidente a una edad temprana. Cuando había una fiesta escolar, la encargada de la diversión siempre era Kathryn, por lo que organizaba el entretenimiento.

"¡EMPIEZA A LIMPIAR!"

El trabajo arduo corría por las venas de la familia Kuhlman. Ella, a menudo, decía: "En Concordia, Missouri, si te levantabas por la mañana y no te sentías bien, ¿sabes lo que hacían aquellos luteranos alemanes? Salían a trabajar".

Kathryn recordó que una vez que no se sentía bien, su madre le dijo: "Está bien, cariño. Agarra el cepillo de barrer y empieza a limpiar las aceras. No pasará mucho tiempo antes de que te sientas mejor".

"CONOCÍ SU TERNURA"

Joe Kuhlman era un hombre alto con cabello rizado y un bigote espeso. Kathryn amaba absolutamente a su padre. Ella le dijo a una audiencia: "El que me conoce bien, sabe que de todos los seres humanos que he conocido mi papá es el que más he amado. ¡Ah! Siempre me aferré a él. Lo admiraba más que a nadie. En cuanto llegaba a casa con su abrigo —antes de que tuviera la oportunidad de lavarse las manos y la cara—, yo estaba colgada de él.

Se sentaba a descansar un minuto y, al instante, yo estaba encima de él; lo abrazaba y comenzaba a hablar desenfrenadamente, sin cerrar la boca, mis palabras fluían con una rapidez asombrosa".

Su madre regañaba a Kathryn y le decía: "¿No puedes callarte un momento? Papá está cansado. Siéntate y cállate".

Kathryn solía decir que no recordaba que su padre la castigara. "Nunca me puso las manos encima. Nunca. ¡Ni una sola vez!".

En una de sus reuniones recordó: "Hay muchos que nunca entendieron lo tierno del corazón de Joe Kuhlman. Conocían a Joe como un hombre que ocupaba un cargo político, o simplemente como un hombre de carácter fuerte, alguien en quien se podía confiar. Todos en Concordia, Missouri, conocían a Joe Kuhlman. Cada persona tenía una idea diferente de él".

> SU MADRE REGAÑABA A KATHRYN Y LE DECÍA: "¿NO PUEDES CALLARTE UN MOMENTO? PAPÁ ESTÁ CANSADO. SIÉNTATE Y CÁLLATE".

Ella continuó: "Pero yo conocí a un Joe Kuhlman distinto, uno muy diferente de lo que cualquier otra persona podría imaginar. Conocí su ternura cuando yo, siendo niña, sufría de terribles dolores de oído. El recuerdo de ese dolor me ha acompañado toda la vida. Pero también puedo recordar cómo me sostenía papá tiernamente en sus brazos. Tenía algo, una ternura —que apreciaba al apoyar mi cabeza en el hombro de él— que aliviaba mi sufrimiento, era algo que nunca podría describir".

A Kathryn le habría encantado poder contar historias como esas sobre su madre, pero su relación con ella era todo lo contrario. "Mamá era la que disciplinaba", afirmó. "Me daba una paliza en el sótano para que los vecinos no pudieran oírme gritar".

PAPÁ ERA BAUTISTA

Kathryn Kuhlman adquirió su propensión tolerante —en el mejor sentido de esta palabra— de manera natural. Fue criada en una comunidad luterana por un padre bautista y una madre metodista.

Joe decía que era bautista y estaba inscrito en la membresía de la iglesia, sin embargo, como comentó Kathryn: "Mi papá nunca se esforzó demasiado por ir a la iglesia y lo digo con insatisfacción".

Una vez dijo: "No me crié en un hogar muy religioso. No, no fue así. De hecho, mi padre sentía aversión por los predicadores. Si veía a uno que venía por la misma acera de una calle de Concordia, cruzaba a la otra para no hablarle".

> "SI VEÍA A UN PREDICADOR QUE VENÍA POR LA MISMA ACERA DE UNA CALLE DE CONCORDIA, CRUZABA A LA OTRA PARA NO HABLARLE".

Por parte de su madre, la historia era diferente. Emma provenía de una larga línea de metodistas apasionados. Respecto de eso, Kathryn dijo: "Mi abuelo Walkenhorst tenía la firme convicción de que la única gente que iría al cielo era la metodista". Luego agregó: "Pero él no sabía nada, ni remotamente, qué era nacer de nuevo".

Después de casarse, Emma, como una esposa obediente, transfirió su membresía a la iglesia bautista, pero eso no le impidió asistir periódicamente a la congregación de su juventud. Todos los domingos por la mañana vestía a los niños Kuhlman y los llevaba a la escuela dominical y al servicio matutino en la iglesia metodista.

Kathryn recordó: "La única vez que papá entró a esa iglesia fue una Navidad, cuando yo recité un poema. Y en lo que a mí respecta, cuando lo recité, la única persona que estaba presente era mi papá".

"POR FAVOR, NO LLORES"

Más de una vez escuché a Kathryn hablar de una experiencia que ella llamaba "El mejor día de mi vida".

"Estaba de pie, detrás de mamá, y las manecillas del reloj de la iglesia señalaban cinco minutos para las doce del mediodía", indicó. "No puedo recordar el nombre del pastor y ni siquiera una palabra de su sermón, pero me ocurrió algo extraño. Algo tan real para mí, ahora, como lo fue entonces".

Kathryn recordó vívidamente lo que sucedió mientras entonaban el último himno. "De repente, comencé a temblar tanto que no podía sostener el himnario, así que lo puse en el banco. Esa fue mi primera experiencia con el poder de Dios. Me senté en el banco y lloré. Sentía el peso del pecado y me di cuenta de que era pecadora. Me sentí como la persona más mala y más baja del mundo. Sin embargo, solo era una chica de catorce años".

> "COMENCÉ A TEMBLAR TANTO QUE NO PODÍA SOSTENER EL HIMNARIO. ESA FUE MI PRIMERA EXPERIENCIA CON EL PODER DE DIOS".

Luego explicó: "Nunca se hacían llamados al altar en aquella pequeña iglesia metodista. A menudo veía que recibían nuevos miembros de la iglesia, pero eso que me estaba sucediendo fue muy diferente. Hice lo único que se me ocurrió: me escabullí de donde estaba parada, caminé hacia el primer banco, me senté en la esquina del asiento y lloré. ¡Ah, cómo lloré!".

Acto seguido, "una amable anciana, Martha Johannssen, que era inválida y la consideraban 'demasiado religiosa' porque había expresado sus convicciones sobre lo real del infierno, se me acercó y recuerdo que me susurró con mucha ternura lo siguiente: 'No llores, Kathryn. Siempre has sido una chica muy buena'. Luego, con mucha delicadeza, puso su pañuelo en mi mano".

Cada vez que Kathryn relataba los detalles de ese momento, siempre sonreía y agregaba: "Ambas sabíamos que eso no era del todo cierto. ¡Yo era una de las chicas más traviesas del pueblo!".

"Recuerdo que me dirigí a Martha Johannssen y le expliqué que estaba llorando porque acababa de convertirme en la persona más feliz del mundo. Sentí que se me había desaparecido un gran peso de mi vida. Experimenté algo que, desde entonces, nunca me ha dejado. Había nacido de nuevo. En ese momento, la sangre de Jesucristo, el Hijo de Dios, me limpió de todo pecado".

Kathryn Kuhlman afirmó: "Nunca había visto a nadie convertido en esa iglesia. Nunca se había hecho un llamado al altar antes de mi experiencia". La frase "nacer de nuevo" era muy extraña para ella.

Nadie comprendió completamente lo que estaba sucediendo en el corazón de esta adolescente pecosa. "El predicador ni siquiera se me acercó. No sabía qué hacer conmigo".

Para Kathryn, caminar a casa desde la iglesia ese domingo por la mañana fue como ver el mundo por primera vez. "Todo se veía más brillante, más hermoso. Estaba segura de que el señor Kroencke había pintado su casa de nuevo. Pero la casa no había cambiado. Concordia no había cambiado. Kathryn Kuhlman *había* cambiado".

> NADIE COMPRENDIÓ COMPLETAMENTE LO QUE ESTABA SUCEDIENDO EN EL CORAZÓN DE ESTA ADOLESCENTE PECOSA.

Se preguntaba si sus pies siquiera tocaban el suelo. "Sentía mi corazón ligero como una pluma y sabía por qué: porque Jesús había entrado en mi corazón. No hubo ninguna duda en mi mente después de eso. Tenía certeza de lo que sabía. Ese fue seguramente el comienzo de todo".

Kathryn entró a la casa y, llena de emoción, dijo: "Papá, me pasó algo. Jesús ha venido a mi corazón".

Ella no estaba segura de que su padre realmente entendiera lo que le había dicho. "Solo me miró y me dijo: 'Hija, me alegro. Me alegro mucho'. Pero estoy segura de que ese fue el comienzo de algo que cambió toda mi existencia".

> KATHRYN ENTRÓ A LA CASA Y,
> LLENA DE EMOCIÓN,
> DIJO: "PAPÁ, ME PASÓ ALGO.
> JESÚS HA VENIDO A MI CORAZÓN".

"CÓMO HABÍA CAMBIADO YO"

Me dijeron que medio siglo después, Kathryn regresó a Concordia con algunos miembros de su equipo. "Oh, deben ver dónde acepté a Jesús por primera vez", les dijo emocionada.

"Me sorprendió mucho cuando descubrí lo pequeña que se había vuelto esa pequeña iglesia metodista a lo largo de los años. Hubo un tiempo en que me parecía tan grande que la veía casi como una catedral. Luego me di cuenta de que tal vez no tenía capacidad para más de 75 o 100 personas".

Kathryn entró en el pequeño vestíbulo. "Ahí estaba el mismo cordón con que se tocaba la campana, anunciando la hora de los cultos. Era la misma campana que siempre tañía cuando alguien moría en la comunidad. Un toque significaba que había muerto un niño, dos campanadas significaban que había fallecido una persona de mediana edad. Cuando moría un anciano, la tocaban tres veces. Eso hacía que todos se apresuraran al teléfono y le preguntaran al operador: '¿Quién murió?' Esa era Concordia, Missouri".

Mientras entraba a la iglesia esa tarde, ella notó: "Ahí seguían las mismas bancas, la misma barandilla, el mismo púlpito. Nada había cambiado realmente en esa pequeña iglesia. ¡Ah!, pero ¡cómo había cambiado yo!".

LA URGENCIA POR VOLAR

Cuando llegó el momento de que Kathryn se uniera a una iglesia, eligió la denominación de su padre. Se declaró bautista y asistía a los cultos de los domingos por la noche. El resto del tiempo, sin embargo, era metodista. Ahí era donde la podías encontrar el domingo por la mañana y por la tarde cuando se reunía el grupo de jóvenes, "Los Heraldos del Rey". Emma Kuhlman era su maestra de Biblia.

> "NADA HABÍA CAMBIADO REALMENTE EN ESA PEQUEÑA IGLESIA. ¡AH!, PERO ¡CÓMO HABÍA CAMBIADO YO!".

Cuando era adolescente, Kathryn era extremadamente inquieta. Su hermana mayor, Myrtle, se había casado con Everett Parrott, un apuesto evangelista de veintitrés años que llegó a la ciudad a predicar en la iglesia bautista. Se graduó del Instituto Bíblico Moody y estaban organizando avivamientos en carpas grandes en el noroeste del país.

A su hermano mayor, Earl, lo consumía la pasión de volar, por lo que convenció a su padre para que le comprara un avión. Él era piloto de acrobacias y un "espectáculo aéreo" en esos primeros tiempos de la aviación. Construir autos de carrera era su segundo pasatiempo y siempre participaba en la competencia del Día de la Independencia, el 4 de julio.

En cuanto a Kathryn, como estudiante de secundaria que era, recostaba la cabeza en la almohada por la noche y soñaba con el día en que también podría volar, dejando a Concordia para contarle al mundo lo que le sucedió en esa pequeña iglesia metodista.

Ese día se acercaba rápidamente.

CAPÍTULO 4

El valle más profundo

"LA MAYORÍA DE la gente de aquí solo conoce a Kathryn por su fama", dijo una de las personas que llevan mucho tiempo aquí con la que hablé ese día en Concordia. "Como sabes, ella solo tenía dieciséis años cuando se fue de la ciudad".

Eran los "locos años veinte" y la personalidad aventurera de Kathryn hizo que sus padres se preguntaran cuánto tiempo podrían soportarla. Justo antes del verano de 1924, Myrtle, la hija mayor de los Kuhlman, se tomó un descanso del ajetreado itinerario evangelístico en carpas que efectuaba con su esposo, Everett Parrott, y regresó a casa para una breve visita.

"Creo que sería bueno para Kathryn que viniera con nosotros unos meses", les dijo Myrtle a sus padres. "Ella sería de gran ayuda".

Con mucha renuencia, Joe y Emma al fin aceptaron. Así que se despidieron de sus hijas en la antigua estación de tren de Concordia. Kathryn, de alguna manera, sabía que no volvería.

Las campañas de avivamiento en la carpa de Parrott no eran patrocinadas por ninguna iglesia. Everett y Myrtle, simplemente, iban a donde sentían que el Señor los guiaba y comenzaban cada cruzada desde cero. Kathryn, en verdad, no tuvo un verano muy inactivo. En cada nueva parada, ella era la que caminaba por la ciudad tocando una campanilla y anunciando que se avecinaba un avivamiento. Ella ayudaba a colocar las sillas, a repartir las hojas con los himnos y hacía un dueto de piano con su hermana antes de la exposición del conmovedor mensaje de Everett y el apasionado llamado al altar.

> EN CADA NUEVA PARADA,
> ELLA ERA LA QUE CAMINABA
> POR LA CIUDAD TOCANDO
> UNA CAMPANILLA Y ANUNCIANDO QUE
> SE AVECINABA UN AVIVAMIENTO.

Todos los lunes era día de lavado, eso se convirtió en la tarea de Kathryn.

Aunque tenía mucho trabajo arduo, había ciertas cosas que —realmente— le encantaban. Una de esas fue cuando su cuñado anunció: "Ahora me gustaría que Kathryn subiera al púlpito y les contara cómo encontró a Cristo". Pero ella no solamente habló. Sus palabras fueron dramáticas y su presentación fue muy emotiva.

UN LLAMADO DEFINITIVO

Después de uno de los mensajes de Parrott que instaban a "arrepentirse y ser salvo", la joven Kathryn comenzó a sollozar. "¿Por qué no vienen más?", gemía ella. "¿Por qué no se salvan más almas?".

En ese momento sintió el inequívoco llamado de Dios a su vida y supo en lo profundo de su alma que el Señor la estaba preparando para ministrar el evangelio. Más tarde declararía: "Puedes decir lo que quieras sobre mí, como mujer, que no tengo derecho a pararme en el púlpito y predicar el evangelio. Sin embargo, aunque todo el mundo me dijera eso, no tendría ningún efecto en mí. ¿Por qué? Porque mi llamado al ministerio fue tan definitivo como mi conversión".

Ese otoño, aunque Kathryn no había terminado la escuela secundaria, se le permitió inscribirse en el Instituto Bíblico Simpson, operado por la denominación Alianza Cristiana y Misionera en Seattle. El verano siguiente, sin embargo, volvió con los Parrott a las cruzadas de avivamiento.

Durante esos años en el noroeste, Kathryn conoció a Charles S. Price, que dirigía un poderoso ministerio de sanación en los Estados Unidos y Canadá. Sus cultos estaban acompañados de manifestaciones que incluían personas "tomadas por el Espíritu".

Kathryn estaba extasiada cuando Helen Gulliford, la destacada pianista que había trabajado con Price, Watson Argue y otros destacados evangelistas de la época, se unió al equipo evangelístico de Parrotts. Era como una tercera hermana.

ENCIMA DE UN ÁRBOL

Después de muchas cruzadas de avivamiento en el noroeste, un giro de los acontecimientos en Boise, Idaho, impulsó a Kathryn a emprender su propio ministerio.

Los Parrott habían alquilado el Club de Mujeres de Boise durante dos semanas. Pero antes del evento, sin embargo, surgieron ciertos problemas matrimoniales entre Myrtle y Everett Parrott, por lo que el evangelista anunció: "Voy a instalar la carpa en Dakota del Sur. ¿Por qué no se quedan ustedes tres aquí y dirigen el avivamiento? Myrtle, tú puedes predicar".

Unas noches más tarde, después de pequeñas multitudes e incluso ofrendas de amor más escasas, era obvio para el trío que no podrían sobrevivir. Myrtle decidió terminar con las actividades y volver con su esposo. Kathryn y Helen sabían en sus corazones que sería inútil seguirla.

—¿Qué debemos hacer? —le preguntó Kathryn, de veintiún años, a Helen, que era cuatro años mayor que ella.

—¿Debería volver a Concordia y tú a Oregon?

El dilema al que se enfrentaban era sombrío.

—Solo tenemos una pequeña misión. ¿Considerarías quedarte a predicar? —ofreció un pastor nazareno que se enteró de su difícil situación.

—¿Predicar? —Kathryn había hablado de su testimonio algunas veces, pero aún no había expuesto un sermón completo.

Cuando las dos jóvenes llegaron a las instalaciones de la carpa en un barrio pobre de Boise, eran todo un espectáculo. Kathryn llevaba un vestido amarillo de mangas con borlas que le llegaba hasta los tobillos, comprado con los últimos dólares que le quedaban.

> "SOLO TENEMOS UNA PEQUEÑA MISIÓN.
> ¿CONSIDERARÍAS QUEDARTE A PREDICAR?".

"El primer sermón que prediqué fue el de Zaqueo cuando se subió al árbol", contó Kathryn más tarde. "Y si alguien estaba trepado a un árbol Dios sabe que, en verdad, la única que estaba encima era yo cuando prediqué ese mensaje". Recuerdo bien que después de la sexta predicación que expuse sinceramente creí que había agotado todo el material de la Biblia.

Te estoy diciendo la verdad. ¡Seis mensajes! Había predicado sobre Zaqueo, había predicado sobre el cielo, había predicado sobre el infierno, había predicado sobre el amor de Dios, ¿y qué más había para predicar? Más tarde Kathryn aprendió que nunca podría agotar las verdades de la Palabra de Dios.

Viajaron a Pocatello, Idaho, y obtuvieron autorización para celebrar reuniones en la antigua Casa de la Ópera, que había visto días mejores. Kathryn y Helen se anunciaban a sí mismas como "Las chicas de Dios". De ahí pasaron a otros pueblos pequeños de Idaho como Emmett, Payette, Wilder, Meridian y Melba.

"Solía esperar hasta que los granjeros terminaran con su ordeño, su arado, su cosecha y, cuando oscurecía, se presentaban uno por uno", recordó Kathryn. "He estado en cada uno de esos pequeños pueblos en los cruces de caminos, en cada uno de ellos. Si no había un predicador en la ciudad, ofrecía mis servicios".

> **KATHRYN Y HELEN SE ANUNCIABAN A SÍ MISMAS COMO "LAS CHICAS DE DIOS".**

Ella recordó que había conocido al presidente de la junta directiva de una iglesia bautista de uno de esos pueblos. Lo persuadió diciéndole: "Tu iglesia está cerrada, de todos modos. No tienes nada que perder y tal vez algo que ganar". El hombre accedió y abrió el edificio para que las chicas efectuaran las reuniones.

Cuando el dúo Kuhlman-Gulliford llegó a Rexburg, el único lugar que había para quedarse fue una antigua casa turca. Armadas con trapeadores y escobas, la limpiaron e hicieron de ella su hogar.

Al recordar aquello, Kathryn comentó más adelante: "Si tuviera que volver a esas pequeñas iglesias mañana, si tuviera que hablar solo con un puñado de personas, trabajaría igual de arduo. Amaba a esa gente. Con mucho gusto habría dado mi vida por ellos".

La idea de mujeres evangelistas en aquellos días no era totalmente extraña. Aimee Semple McPherson se estaba haciendo un nombre, abriendo camino en el circuito de avivamiento y estableciendo Angelus Temple en Los Ángeles.

"Las chicas de Dios" predicaron y cantaron en Idaho hasta 1933, alcanzando a un gran número de seguidores.

Pero lo más importante es que cientos de nombres fueron escritos en el Libro de la Vida en los cielos. En Twin Falls, más de 2.000 personas abarrotaron el santuario de la iglesia metodista la noche en que Kathryn dio su testimonio personal.

> "TU IGLESIA ESTÁ CERRADA,
> DE TODOS MODOS.
> NO TIENES NADA QUE PERDER Y
> TAL VEZ ALGO QUE GANAR".

UN MENSAJE DE ESPERANZA

"Esos fueron los días más felices que mi mamá y mi papá pudieron recordar", me dijo Marjorie Ferrin. Hablaba de los cinco años, a partir de 1933, en que sus padres y sus abuelos ayudaron a Kathryn Kuhlman a construir las instalaciones de la congregación Denver Revival Tabernacle, en la ciudad capital de Colorado.

Kathryn y Helen empezaron su ministerio en el estado de las Montañas Rocosas con reuniones en Steamboat Springs, seguidas de una cruzada de seis semanas muy publicitada en un auditorio alquilado en la calle principal de Pueblo.

Era el apogeo de la Gran Depresión. El desempleo superaba el treinta por ciento, miles de bancos habían cerrado y la gente estaba en la indigencia. Sin embargo, Kathryn Kuhlman creía que el mensaje de esperanza de Dios podía transformar vidas.

"Pero solo tenemos cinco dólares", dijo Earl Hewett cuando Kathryn le sugirió que buscara un salón de reuniones para alquilar en Denver.

Hewett se comprometió espontáneamente a administrar la logística de Kathryn y Helen, como voluntario, para que ellas pudieran dedicar todas sus energías al ministerio.

La ruina no era nada nuevo para Kathryn Kuhlman. "Sé que puedes arreglar algo", insistió.

El 27 de agosto de 1933, en un almacén vacío de Montgomery Ward en Champa Street, Kathryn y Helen iniciaron una cruzada de dos semanas en Denver. La primera noche se presentaron 125 personas en aquel auditorio improvisado. La siguiente, el número creció a 400. Antes de que terminara la primera semana, los 500 asientos estaban llenos y había gente mirando por las ventanas, pendiente de cada palabra.

Lo que comenzó como una breve serie de reuniones se extendió un mes tras otro gloriosamente. La ciudad comenzó a escuchar su popular programa de radio, Smiling Through.

Los abuelos de Marjorie Ferrin, Alfred y Agnes Anderson, inmediatamente pensaron en Kathryn Kuhlman como su pastora y estaban tan cerca de ella como cualquiera en la congregación. Ella estuvo en la casa de ellos el Día de Acción de Gracias y en Navidad. Sus hijas, Mildred, Lucille y Thelma, formaron el trío las "Hermanas Anderson" y cantaban en los cultos casi todas las noches.

El legado de aquellos días aún perdura. La hija de Thelma, Marjorie, se casó con Paul Ferrin, que se convirtió en el director del coro de la cruzada y el pianista del programa televisivo de Kathryn Kuhlman durante el último año en que ella vivió.

En varias ocasiones he compartido fraternal y ministerialmente con los Ferrin y gran parte de lo que cuentan sobre los días de Kathryn en Denver proviene de los recuerdos de Marjorie y el contenido de su preciado álbum de recortes.

"¡DEJA DE CORRER!"

"Nuestras reuniones aquí en Denver llegarán a su fin", anunció Kathryn Kuhlman a una congregación atónita a principios de 1934, cinco meses después de que comenzaran los cultos.

Una dama llamada Ina Fooks, que trabajó con Kathryn en esos primeros días, escribió sobre ese servicio en particular. "El anuncio de su intención fue recibido con fuertes protestas de la gente, ya que para ellos Kathryn se había convertido en su lideresa amada. Un hombre se puso de pie de un salto y prometió una suma sustancial para ayudar a la construcción de un tabernáculo".

Otros se unieron a él y se estableció un fondo para construir "una casa permanente para la obra". Las personas que amaban su ministerio le decían a Kathryn: "Tienes que dejar de correr. ¡Esta ciudad te necesita!".

Mientras se elaboraban los planes para el nuevo edificio de la iglesia, las reuniones se trasladaron a un lugar más grande con capacidad para 700 personas: un almacén vacío en Curtis Street, propiedad de una empresa papelera.

Kathryn sabía muy bien cómo relacionarse con la gente. En sus servicios, en vez de llegar desde el costado de la plataforma, hacía una gran entrada desde la parte trasera del auditorio. Saludaba a la gente en forma cordial y muy cercana, con expresiones como las siguientes: "¿Cómo estás?", "Ah, ¡qué bueno tenerte aquí esta noche!" y estrechando cálidamente sus manos, mientras se dirigía al púlpito.

Kathryn era una comunicadora talentosa. Antes del mensaje solía contar historias cotidianas con las que la gente se podía identificar. "¿Saben?, esta mañana estaba en la habitación 416, en el Hotel St. Francis. Una habitación muy pequeña. Mi amiga, la señora Holmquist, hace lo mejor que puede. Dios la bendiga. Sin embargo, el papel tapiz se está despegando de las paredes y el ascensor casi siempre se atasca. Pero, por cuatro dólares a la semana, para mí, ¡es como el cielo!".

A la gente le encantaban sus ocurrencias.

"Cuando predicaba, su compasión por las almas era evidente", dice Marge Ferrin. "Mi madre me dijo que Kathryn nunca, nunca, se alejaba del altar o de la sala de oración hasta que se iba la última persona".

"¡ESTOY EN CAMINO A CASA!"

En ese mismo hotel, el martes después de Navidad de 1934, la señora Holmquist le dijo a Kathryn Kuhlman que tenía una llamada telefónica urgente. Era un amigo de Concordia.

—Kathryn, tu padre ha resultado herido. Sufrió un accidente.

—¿Un daño? ¿Está muy mal?

—Sí —fue la respuesta.

—Dile a papá que voy para allá ahora mismo. Estoy en camino a casa.

> "MI MADRE ME DIJO QUE KATHRYN NUNCA, NUNCA, SE ALEJABA DEL ALTAR O DE LA SALA DE ORACIÓN HASTA QUE SE IBA LA ÚLTIMA PERSONA".

Ella habló sobre los eventos en un artículo que apareció en *Guideposts* en 1971.

Kathryn había comprado un viejo Ford V-8. Echó algunas cosas en la parte trasera y se dirigió a casa. "Solo Dios sabe cuán rápido conduje en esos caminos congelados, pero lo único en lo que podía pensar era en mi padre. Papá me estaba esperando. Papá sabía que iba en camino".

Todavía a ciento sesenta kilómetros al oeste de Kansas City, llamó a su tía Belle.

—Aló. Soy Kathryn. Dile a papá que ya casi estoy en casa.

—Pero Kathryn, ¿no te dijeron? Tu padre fue asesinado. Fue atropellado por un automóvil manejado por un estudiante universitario que estaba en casa por vacaciones. Murió casi instantáneamente.

Cuando llegó, el cuerpo de su padre descansaba en un ataúd abierto en la sala de su casa en la calle St. Louis. Estaba desconsolada.

Tras los servicios funerales en la pequeña iglesia bautista, después de que todos se fueron, Kathryn, de veintisiete años, se quedó. "El director de la funeraria se acercó y le preguntó: '¿Te gustaría ver a tu padre un momento antes de que cierre el ataúd?'".

"De repente, estaba parada al frente de la iglesia, mirando abajo, mis ojos no estaban fijos en la cara de papá, sino en su hombro, ese hombro en el que muchas veces me había apoyado".

> **"SOLO DIOS SABE CUÁN RÁPIDO CONDUJE EN ESOS CAMINOS CONGELADOS, PERO LO ÚNICO EN LO QUE PODÍA PENSAR ERA EN MI PADRE".**

Kathryn dijo: "Alargué mi mano y la puse tiernamente sobre su hombro en el ataúd. Y mientras lo hacía, algo sucedió. Todo lo que mis dedos acariciaron fue un traje de tela. No solo el abrigo de lana negra, sino todo lo que contenía la caja era simplemente algo desechado, amado una vez, dejado ahora. Papá no estaba allí".

Esa mañana, a lo único que pudo aferrarse Kathryn fue a las palabras del apóstol Pablo: "... ausente del cuerpo y presente con el Señor" (ver 2 Corintios 5:8).

EL DÍA DE LA DEDICACIÓN

Cuando Kathryn regresó del funeral, se sintió animada por el apoyo emocional con que la acogieron en Denver.

También le agradó que la búsqueda de una ubicación permanente para la iglesia había terminado. Compraron un edificio en la esquina de West Ninth y Acoma. Las instalaciones habían sido el garaje de camiones de una gran tienda por departamentos de Denver. Después de importantes renovaciones, el 30 de mayo de 1935 se dedicó el Denver Revival Tabernacle con capacidad para 2.000 personas. Una vez más, solo había espacio para estar de pie.

Los cultos continuaron celebrándose todas las noches excepto los lunes.

El mensaje básico de Kathryn se enfocaba en la salvación, pero su púlpito incluía a quienes predicaban sobre la sanidad divina, el bautismo del Espíritu Santo y la profecía. Los oradores visitantes más reconocidos incluían a Howard Rusthoi, Phil Kerr, Raymond T. Richey y el ministerio ocasional de Myrtle y Everett Parrott. Cada sábado, Helen Gulliford se encargaba de la "Noche musical".

La carta de Navidad de 1935 de la iglesia decía: "La característica permanente de la obra es su carácter totalmente interdenominacional. Kathryn Kuhlman se ha aferrado con firmeza a la idea de que Dios podría usar y usará un gran centro de evangelización donde todos son bienvenidos".

UN ABRAZO INOLVIDABLE

Kathryn se puso nerviosa cuando se enteró de que su madre vendría a Denver para escuchar su predicación; eso nunca había sucedido. En su niñez había buscado desesperadamente la aprobación y el afecto de su madre. "Ella nunca me dijo que estaba orgullosa de mí ni que hice algo bien. Ni una sola vez". No era la naturaleza de Emma Kuhlman.

El mensaje de esa noche se tituló "El poder del Espíritu Santo", y era una opción diferente del sencillo mensaje de salvación habitual que era el sello distintivo de su ministerio en esos años. Kathryn recordó: "No creo que mamá entendiera nada de lo que dije. Ella no sabía nada sobre el Espíritu Santo y mucho menos acerca de la experiencia del nuevo nacimiento".

Al final del mensaje, Kathryn invitó a aquellos que tenían una necesidad espiritual a reunirse con ella en la sala de oración. Lo dijo en voz baja: "Todos aquellos que quieran nacer de nuevo y conocer a la Tercera Persona de la Trinidad, el Espíritu Santo, pasen al frente. Vengan a la sala de oración detrás del púlpito. Iré allí con otras personas. Estaremos orando por ustedes".

Mucha gente corrió hacia la puerta que conducía a la sala de oración. Hablando de esa noche, Kathryn recordó: "Cuando bajé de la plataforma, mamá estaba sentada allí. Ni siquiera se levantó de su asiento".

Después de unos quince minutos, Kathryn vio que se abría la puerta de la sala de oración. "Debe haber habido más de cien individuos allí orando, todos con la cabeza inclinada, cuando vi a mamá entrar por esa puerta".

> "NO CREO QUE MAMÁ ENTENDIERA NADA DE LO QUE DIJE".

Al evocar su trayectoria pensó: "Si no conocieras a mi mamá. Era imposible convencerla de cosas espirituales. Era muy rígida en sus cosas. Si los metodistas no creían en algo, era porque eso no valía la pena".

Para sorpresa de Kathryn, su madre se arrodilló. "No había estado arrodillada por mucho tiempo cuando me acerqué, como en cámara lenta, a ella. Todo el mundo estaba orando. Ella era una mujer muy serena".

Cuando su hija estuvo lo suficientemente cerca, Emma le dijo: "Estoy aquí porque dijiste la verdad esta noche. Y quiero conocer a Jesús como tú lo conoces".

> "ESTOY AQUÍ PORQUE DIJISTE LA VERDAD ESTA NOCHE. Y QUIERO CONOCER A JESÚS COMO TÚ LO CONOCES".

En el instante en que Kathryn puso sus manos sobre la cabeza de su madre, Emma comenzó a temblar y a llorar; era el mismo temblor y las mismas lágrimas que Kathryn había experimentado en aquel pequeño santuario en Concordia. "Cuando la toqué, mi mamá comenzó a hablar en un idioma celestial".

Kathryn quedó estupefacta. "Mi madre no sabía que existía tal cosa como hablar en una lengua desconocida. Ella nunca había leído acerca de eso. No sabía nada de eso. Ni siquiera lo estaba buscando. Pero mamá comenzó a hablar tierna y hermosamente. Aquello fue glorioso".

Cuando el ambiente se serenó, Emma Kuhlman hizo algo que conmovió a su hija al punto que derramó muchas lágrimas. Extendió los brazos hacia Kathryn y la abrazó. Era la primera vez que recordaba haber sido abrazada con ternura por su madre.

> "MI MADRE NO SABÍA QUE EXISTÍA TAL COSA COMO HABLAR EN UNA LENGUA DESCONOCIDA. PERO MAMÁ COMENZÓ A HABLAR TIERNA Y HERMOSAMENTE. AQUELLO FUE GLORIOSO".

"Tomó mis dos manos entre las suyas y dijo: 'Kathryn, ¡predica eso! para que otros reciban lo que yo he recibido'. Era la primera vez que ella aprobaba que yo estuviera en el trabajo en el que estaba".

A Kathryn también le encantaba relatar lo que sucedió después de eso. "¿Quieres saber algo? Mi madre no durmió los siguientes tres días y dos noches. ¡Tan grande era el gozo del Señor sobre ella que no podía dormir! Y, lo más importante, mamá nunca volvió a ser la misma. Tuve una nueva mamá. ¡Era una persona nueva! Irradiaba amor. Nadie tuvo que instarla. Nadie tuvo que enseñarla".

Hasta el día que Emma Kuhlman partió para estar con el Señor en 1958, reflejó la transformación producida por el Espíritu Santo.

ERA ALGO IMPENSABLE

A lo largo de los años, docenas de ministros fueron invitados al púlpito de Denver Revival Tabernacle. Uno de los favoritos era un evangelista dinámico de Austin, Texas, llamado Burroughs A. Waltrip. Visitaba la congregación una y otra vez.

> **"TUVE UNA NUEVA MAMÁ. ¡ERA UNA PERSONA NUEVA! IRRADIABA AMOR".**

Y cuando el evangelista se instaló en Mason City, Iowa, para construir un centro evangelístico de 700 asientos llamado Radio Chapel, Kathryn se convirtió en una invitada frecuente a predicar.

La relación se volvió más que ministerial. Kathryn Kuhlman se enamoró. Cuando comenzó a correrse la voz de que estaba considerando casarse con ese hombre, aquello parecía impensable. Después de todo, Burroughs Waltrip estaba casado y tenía una esposa y dos hijos en Texas.

Sus fervientes seguidores, Alfred y Agnes Anderson, manejaron 1.200 kilómetros hasta Mason City y le suplicaron a su amada pastora que cambiara de parecer. Pero fallaron.

El 15 de octubre de 1938, Kathryn Kuhlman anunció que Waltrip —que se había divorciado de su esposa— y ella combinarían sus ministerios.

Su sede se ubicaría en Mason City. Waltrip y ella se alternarían viajando a Denver para los cultos dominicales.

Tres días después se casaron en Radio Chapel, en Mason City.

La congregación de Denver rechazó su intento de regresar en cualquier función. Ellos creían que ella estaba fuera de la voluntad de Dios.

Helen Gulliford renunció al ministerio de Kathryn. En cuestión de unas pocas semanas, el rebaño de Denver se había dispersado. Eran como ovejas sin pastor.

Un año antes, en un programa impreso que conmemoraba el "Cuarto Jubileo Anual" de su ministerio en Denver, Kathryn Kuhlman incluyó palabras de un mensaje que tituló "Dolores del corazón".

"Tarde o temprano, nuestros pies deben descender por ese valle de tristeza y sufrimiento, oscuridad y lágrimas", escribió. "El corazón que nunca ha sido puesto a prueba por el dolor no podrá alcanzar su máximo potencial; y la vida que no ha sentido la tristeza no podrá experimentar la verdadera felicidad. No se puede apreciar la alegría en su totalidad sin haber conocido el verdadero dolor".

Esas palabras fueron proféticas.

Kathryn Kuhlman había entrado en el valle más profundo y oscuro de su vida.

> "EL CORAZÓN QUE NUNCA HA SIDO PUESTO A PRUEBA POR EL DOLOR NO PODRÁ ALCANZAR SU MÁXIMO POTENCIAL".

CAPÍTULO 5

El desierto

ESDE EL MOMENTO en que Kathryn se casó con Burroughs Waltrip, el hombre al que llamaba "Señor", supo que había cometido un trágico error, pero ya no había vuelta atrás.

Los pocos amigos que viajaron desde Denver para asistir a las reuniones en Mason City estaban preocupados. La mujer que una vez había sido tan animada y dinámica ahora estaba apagada. Me dijeron que uno de esos amigos regresó y dijo: "Todo lo que hace Kathryn es sentarse en la plataforma detrás de su esposo y llorar".

Solo siete meses después de su matrimonio, en mayo de 1939, el periódico local anunció que Radio Chapel estaba en bancarrota. Los Waltrip abandonaron rápidamente Iowa y se convirtieron en evangelistas itinerantes, una vida que ambos conocían muy bien. Trabajaron en pequeñas iglesias y centros de avivamiento en Georgia, Arizona y Pensilvania.

EL DOLOR DE MORIR

Cuando estalló la Segunda Guerra Mundial en Europa, Kathryn estaba librando sus propias batallas privadas. No importó cómo trató de racionalizar su decisión, la verdad la afectó profundamente y le causó una gran angustia en el corazón. Por su propia terquedad, se había desviado del llamado de Dios.

El punto de inflexión de su vida llegó un sábado por la tarde, en las afueras de Los Ángeles, varios años después de su matrimonio erróneo.

En sus propias palabras, le dijo a su amigo Jamie Buckingham: "Nadie podrá entender el sufrimiento de la muerte como yo. Mi amor por él era más fuerte que mi amor por la vida. Llegué a amarlo más que a Dios. Hasta que al fin le dije que tenía que irme. Dios nunca me liberó de ese llamado original. No solo vivía con él, tenía que vivir con mi conciencia, y la convicción del Espíritu Santo era casi insoportable. Estaba cansada de tratar de justificarme. Agotada".

> "MI AMOR POR ÉL ERA MÁS FUERTE QUE MI AMOR POR LA VIDA. LLEGUÉ A AMARLO MÁS QUE A DIOS".

Kathryn habló sobre el día que salió de su apartamento y se encontró caminando por una calle sombría. "El sol parpadeaba a través de las grandes ramas que se extendían sobre mi cabeza. Al final de la cuadra vi un cartel en la calle. Decía simplemente: 'Callejón sin salida'. Sentí angustia, una angustia tan grande que no se puede expresar con palabras. Si crees que es fácil ir a la cruz, es porque nunca has estado allí. Yo lo sé. Y tuve que ir sola".

Ella confesó sus transgresiones al Señor y recibió la seguridad del perdón de Dios.

LA ELECCIÓN

Kathryn Kuhlman dijo: "No sabía nada del poder de la maravillosa Tercera Persona de la Trinidad que está a disposición de todos nosotros. Simplemente supe que eran las cuatro de la tarde del sábado y que había llegado a un punto en mi vida en el que estaba dispuesta a renunciar a todo, incluso al Señor, y hasta a morir".

> "SENTÍ ANGUSTIA, UNA ANGUSTIA TAN GRANDE QUE NO SE PUEDE EXPRESAR CON PALABRAS".

De pie en ese callejón sin salida, Kathryn miró hacia el cielo y lloró: "Querido Jesús, te entrego todo, te lo doy todo. Toma mi cuerpo. Toma mi corazón. Todo lo que soy es tuyo. Lo pongo en tus maravillosas manos".

Ella admitió: "Tuve que tomar una decisión. ¿Serviría al hombre que amo o al Dios que amo?". Y eligió a Dios.

Tres días después, en el andén de la estación ferroviaria de Los Ángeles, Kathryn miró a Burroughs Waltrip por última vez. Compró un boleto de ida a la pequeña ciudad de Franklin, Pensilvania, donde había sido invitada a predicar. Para ella no había vuelta atrás. La vieja Kathryn Kuhlman había muerto. Era una persona nueva, tocada por el poder del Espíritu Santo.

> "TUVE QUE TOMAR UNA DECISIÓN. ¿SERVIRÍA AL HOMBRE QUE AMO O AL DIOS QUE AMO?". Y ELIGIÓ A DIOS.

UN NUEVO HOGAR

El edificio de la congregación Franklin Gospel Tabernacle era una estructura tosca pero impresionante en esa ciudad de diez mil habitantes, ubicada en el noroeste de Pensilvania. Fue construido en 1929 como un centro evangelístico interdenominacional y había albergado a destacados predicadores, incluido Billy Sunday.

Ahora estaba en manos de un grupo de laicos que invitaban a los evangelistas a usar las instalaciones. Un miembro de la junta directiva, Matthew Maloney, de alguna manera había oído hablar de Kathryn Kuhlman y le pidió que celebrara una serie de reuniones de dos semanas en mayo de 1946.

Solo treinta y ocho curiosos del pueblo se presentaron la primera noche, pero eso no desanimó a Kathryn en lo más mínimo. El mismo poder del Espíritu Santo que encontró en ese callejón sin salida de Los Ángeles estaba presente y ella predicó con una nueva unción. La noche siguiente llegaron casi 200 personas. Y pronto el tabernáculo con vigas de madera estuvo repleto. En vez de quedarse dos semanas, Kathryn llamó a Franklin su hogar durante los próximos cuatro años.

Comenzó un programa de radio diario llamado *De corazón a corazón*, en la estación WKRZ en la cercana Oil City. Otra vez Denver.

"PERDONE, SEÑORITA KUHLMAN"

Antes de sus años en Franklin, Kathryn Kuhlman creía en la sanidad, por lo que nunca dudaba en orar por los enfermos. Sin embargo, ese no era su énfasis. Ella era conocida principalmente como una predicadora evangelística, muy consciente, que guiaba a las personas a experimentar el nuevo nacimiento.

En un servicio que Kathryn llevó a cabo en Franklin, ocurrió algo que cambiaría la naturaleza de su ministerio de una manera radical.

"Estaba predicando sobre el Espíritu Santo, lo poco que sabía acerca de él", recordó en uno de sus mensajes. "Y antes de que comenzara a hablar, una mujer se puso de pie y me sorprendió cuando dijo: 'Perdone, señorita Kuhlman, por favor, ¿puedo dar un testimonio sobre algo que sucedió anoche mientras usted predicaba?'".

La mujer contó que durante el mensaje, "mientras nos decía que en él estaba el poder de la resurrección, sentí ese poder de Dios fluir a través de mi cuerpo. Supe instantánea y definitivamente que había sido sanada. Tan seguro estaba de eso, que hoy fui al médico y me confirmó que estaba curada. ¡El tumor se fue!".

NUEVA VISTA PARA GEORGE

El domingo siguiente, un hombre llamado George Orr, veterano de la Primera Guerra Mundial con 76 años de edad, que había perdido la vista de un ojo en un accidente industrial, acudió al servicio con toda su familia. Tenía una compensación laboral por discapacidad porque varios médicos declararon que nunca volvería a ver con su ojo derecho; y, además, su ojo izquierdo ahora tenía solo un quince por ciento de visión.

> "SUPE QUE HABÍA SIDO SANADA.
> TAN SEGURO ESTABA DE ESO,
> QUE HOY FUI AL MÉDICO Y ME
> CONFIRMÓ QUE ESTABA CURADA.
> ¡EL TUMOR SE FUE!".

En medio del mensaje, "Kathryn Kuhlman hizo una declaración que yo nunca antes había escuchado", recordó George. "Ella dijo que la sanidad estaba allí a la disposición de todos, al igual que la salvación". Así que él oró para que Dios tocara sus ojos.

Al instante, en medio del servicio, su ojo ciego comenzó a arderle. Cuando llegó a su casa, la vista había sido restaurada en *ambos* ojos.

Su curación fue verificada por el mismo médico que había presentado los resultados a la junta de compensación laboral, que había resultado en una compensación estatal por la pérdida de la vista.

La historia documentada de George Orr está registrada en el libro de Kathryn titulado *Creo en los milagros*. Ella observó: "Notarás que yo nunca había orado por George Orr; nunca lo había tocado. Su sanidad vino a él cuando, sin que yo lo supiera, estaba sentado en el auditorio esa tarde de mayo".

LA RESPUESTA

Kathryn Kuhlman hablaba a menudo de esos cultos. "Entonces, el Espíritu Santo fue la respuesta", dijo. "Una respuesta tan profunda que ningún ser humano puede comprender el alcance total de sus profundidades ni el de su poder y, sin embargo, tan simple que la mayoría de la gente la obvia incluso hoy".

Kathryn encontró la respuesta que había estado buscando. "Esa noche entendí por qué no había necesidad de una línea de sanidad, por qué no hay virtud sanadora en una tarjeta (para una línea de sanidad) o en una personalidad, ni necesidad de exhortaciones bárbaras para tener fe".

Ese fue el comienzo del ministerio de sanación de Kathryn Kuhlman. Ella sabía que era extraño para algunos porque, como dijo una vez, "cientos han sido sanados simplemente sentados en silencio en la audiencia, sin demostración alguna. Ninguno. Muy a menudo ni siquiera se predica un sermón. Ha habido momentos en que ni siquiera se ha entonado una canción. Ninguna demostración en voz alta, ningún llamado en voz alta a Dios como si fuera sordo. Sin gritos, sin gemidos. Dentro de la misma quietud de su presencia, y ha habido ocasiones, literalmente cientos de veces, cuando en el gran servicio de milagros ha habido tanta presencia del Espíritu Santo que literalmente uno casi podía escuchar los latidos, el ritmo del latido del corazón de miles de personas como si latieran como uno solo".

> "CIENTOS HAN SIDO SANADOS ...
> SENTADOS EN SILENCIO EN LA AUDIENCIA,
> SIN DEMOSTRACIÓN ALGUNA".

"VAMOS A COMPRARLA"

Los milagros en Franklin comenzaron a multiplicarse. El programa de radio diario se emitió por nuevas estaciones, incluida WPGH en Pittsburgh. Muchedumbres llegaban al tabernáculo desde ciudades a cien y doscientos kilómetros de distancia.

En medio de su creciente ministerio, los documentos legales para el divorcio de Kathryn se presentaron en 1947, pero el tema era irrelevante. Ella era una nueva Kathryn y Dios había enterrado su pasado para siempre.

"¡Vamos a comprarla!", exclamó Kathryn Kuhlman cuando localizó una pista de patinaje en las cercanías de Sugarcreek que podría renovarse para albergar a 2.000 personas. Le dieron por nombre: Templo de la Fe. En un lapso de seis meses la hipoteca de $30.000 se pagó en su totalidad.

Las cartas, miles cada semana, abrumaban a los voluntarios que ayudaban al ministerio. Había pedidos de oración desgarradores, testimonios milagrosos de sanidades y una efusión de aprecio por la forma en que Dios estaba usando a Kathryn Kuhlman para bendecir sus vidas. Y no pocos preguntaban: "¿Cuándo vienes a Pittsburgh?".

LA CIUDAD DEL ACERO

La idea de entrar en la ciudad productora de acero —predominantemente católica— era intimidante, pero Kathryn sintió que era el momento apropiado. Así que alquiló las instalaciones del North Side Carnegie Music Hall, con capacidad para 2.000 asientos, a fin de efectuar una cruzada de dos semanas que comenzó el 4 de julio de 1948.

El historiador Wayne Warner escribió: "Incluso al principio de la actividad, el edificio estaba repleto, con cientos de personas haciendo fila en las afueras. Algunos habían comenzado a llegar al mediodía para el servicio de las 7 de la noche y a las 5:30 de esa tarde la gente que esperaba en la fila se extendía más allá de los sugestivos bares cercanos. Los asiduos a los bares debieron pensar que habían bebido demasiado cuando vieron aquella multitud paciente de pie bajo el calor sofocante de julio. ¿Cómo era posible que una actividad religiosa atrajera a este tipo de multitud al Carnegie Hall?".

El periódico local cubrió la cruzada como un evento importante, lo que realmente fue.

¡Milagros! ¡Ah, los milagros! Los tumores desaparecieron. Las afecciones del corazón fueron sanadas. Los alcohólicos fueron liberados al instante. Los cultos y lo que siguió estuvieron marcados, todos, por la presencia sobrenatural del Espíritu Santo. Kathryn dijo: "Muchos han sido los momentos en que he tenido ganas de quitarme los zapatos de los pies, consciente de que la tierra en la que he estado parada es tierra santa. Muchas son las ocasiones en que el poder del Espíritu Santo está tan presente en mi propio cuerpo que tengo que luchar para mantenerme en pie. Muchas son las veces en que su misma Presencia sana cuerpos enfermos ante mis ojos. Mi mente está tan entregada al Espíritu que conozco el cuerpo exacto que está siendo sanado: la enfermedad, la aflicción y, en algunos casos, el mismo pecado que mora en esa vida. Y, sin embargo, no podría pretender decirte *por qué* ni *cómo*".

ELLA NO ENTENDIÓ

Durante esas reuniones de milagros, decenas de personas por las que Kathryn oró eran "tomadas en el Espíritu". Caerían al suelo, tocadas por un poder mucho mayor que el de Kathryn Kuhlman. En otros momentos, la gente de la audiencia, muy alejada de la plataforma, tendría la misma experiencia.

Cuando la gente cuestionaba la base bíblica de esta manifestación, ella señalaba lo que le sucedió a Saulo en el camino a Damasco, en Hechos 9. Cuando cayó a tierra bajo el poder de Dios.

Kathryn Kuhlman nunca pretendió comprender este fenómeno. Al respecto, ella afirmaba: "Solo sé que no tengo nada que ver con eso. Una de las preguntas que le voy a hacer al Maestro, cuando llegue a su gloriosa mansión, tiene que ver con esta manifestación de su poder, ya que no lo entiendo".

TODOS SE ARRODILLARON

Kathryn disfrutó especialmente contando la historia de un incidente que ocurrió en su oficina en Pittsburgh, una historia que creo que disfrutarás tanto como yo.

"Acababa de regresar de almorzar y me recibieron tres señores que estaban esperando por mí", recordó. "Reconocí a dos de ellos como destacados ministros presbiterianos de la ciudad. Presentaron al tercer hombre como profesor de teología de un conocido seminario teológico en el este".

Uno de los ministros comentó: "Mi amigo me dijo que había oído hablar de usted y de sus cultos de milagrosos. Por eso quería pasar por aquí y conocerla antes de irse de la ciudad".

Kathryn le dio la bienvenida y le mostró las oficinas. "Regresamos a nuestro estudio de audio, donde grabamos las cintas de nuestros programas de radio, y después le di unos ejemplares de nuestra literatura". Luego, mientras regresábamos a las oficinas principales, el profesor se armó de valor para hacer una pregunta que lo había estado inquietando.

—Señorita Kuhlman, aunque enseño teología, todavía hay mucho que no sé sobre el ministerio del Espíritu Santo. En particular, hay una faceta de su ministerio que me deja desconcertado por completo.

—Bueno, pregunte. Lo más probable es que yo tampoco lo entienda —respondió Kathryn.

Dudó, pero luego continuó:

—Bueno, se trata de todo esto de los desmayos. Entiendo, por lo que me dicen mis amigos, que en sus reuniones a menudo oran por las personas y ellas en cierto modo… bueno, se desmayan.

—Ah, no —se rio Kathryn—. No se desmayan. Simplemente caen bajo el poder de Dios.

Y entonces le dio una breve explicación. "Él sonrió cortésmente, pero era obvio que todavía estaba desconcertado", recordó. Entonces llegó el momento de que se iban.

De pie en el pasillo, cerca de la puerta de su oficina, el teólogo miró a Kathryn Kuhlman y le dijo:

—Es posible que nunca la vuelva a ver. ¿Haría una oración por mí?

Esto es lo que relató Kathryn: "Como saben, sigo pensando que Dios tiene un buen sentido del humor, porque cuando di un paso hacia el ministro y extendí mi mano para colocarla sobre su hombro a fin de orar por él, sus piernas se doblaron repentinamente y cayó de espaldas al suelo. Ni siquiera tuve la oportunidad de comenzar mi oración con mi usual frase 'Querido Jesús', cuando de repente el hombre estaba de espaldas sobre la alfombra de mi oficina. Y fue como si toda la habitación se llenara de la gloria de Dios".

> "ÉL SONRIÓ CORTÉSMENTE, PERO ERA OBVIO QUE TODAVÍA ESTABA DESCONCERTADO".

Kathryn movió la cabeza asombrada cuando los otros dos ministros presbiterianos se arrodillaron a su lado. "Las secretarias detuvieron las tareas en las que estaban, entonces miré hacia arriba y vi sus rostros bañados en lágrimas. Había una luz celestial que invadía toda la oficina", dijo.

Los ministros ayudaron al profesor a ponerse de pie. "Él se tambaleó y retrocedió unos pasos", continuó diciendo Kathryn Kuhlman.

Uno de los ministros preguntó: "¿Estás bien?".

"El hombre tartamudeaba, buscando palabras", dijo Kathryn. "Todo lo que pudo decir fue '¡Ah!' y volvió a caer boca arriba sobre la alfombra. Sus amigos lo ayudaron a ponerse de pie de nuevo y en el trayecto a la salida, todavía sacudiendo la cabeza con un brillo en su rostro que debe haber sido como el que estaba en el rostro de Moisés cuando regresó del Monte Sinaí, decía: '¡Ah!', y lo repetía una y otra vez".

Kathryn Kuhlman recordó: "Estaba tambaleándose como si estuviera borracho, trató de alcanzar la puerta y caminó hacia el costado de la pared. Los ministros lo agarraron por los brazos y le señalaron la puerta mientras salía bamboleándose, con el rostro aún bañado por esa luz celestial".

ALTO VOLTAJE

Kathryn ofreció esta explicación. "Todo lo que puedo creer es que nuestro ser espiritual no está preparado para recibir todo el poder de Dios, y cuando nos conectamos a esa potencia, simplemente no podemos sobrevivir.

Digamos que estamos cableados para un voltaje bajo; pero Dios es un ser de alto voltaje, el que manifiesta a través del Espíritu Santo".

Para Kathryn, Dios no era solo el autor del poder. "Él es ¡poder!" afirma. "El hombre a menudo trata de conjurar a Dios a su propia imagen, forma, tamaño y poderío. Pero Dios es más, mucho más, que eso. Cuando lo vemos o lo sentimos como él es, simplemente no podemos soportarlo".

> "TODO LO QUE PUEDO CREER ES QUE NUESTRO SER ESPIRITUAL NO ESTÁ PREPARADO PARA RECIBIR TODO EL PODER DE DIOS".

Ella intentó explicar lo que, a su parecer, sucede en esos casos. "Cuando el Espíritu Santo viene, literalmente, sobre una persona, esta no puede permanecer incólume en su presencia. Sus piernas desfallecen y se doblan. Su cuerpo se debilita. A menudo, su alma misma está llena hasta rebosar del Espíritu mismo. No es que se desmaye. La persona rara vez pierde sus facultades". Y agregó: "Por lo general, aquellos que caen por ese poder se vuelven a poner de pie y testifican que fue como estar atrapados en una carga gigante de electricidad indolora que momentáneamente lo deja a uno fuera de control".

La manifestación de ese tipo de poder estaba presente en cada servicio a Dios que Kathryn Kuhlman efectuaba, hasta que terminó su ministerio.

HASTA QUE EL TECHO SE DERRUMBE

Cinco meses después de que comenzaran las reuniones de Pittsburgh, el Carnegie Hall todavía estaba repleto y ella predicaba en las instalaciones del Templo de la Fe, en Sugarcreek, todos los domingos por la mañana. El mismo patrón continuó durante los siguientes dos años y medio.

La evangelista se rodeó de un personal de calidad en Pittsburgh. Escogió ujieres sensibles al Espíritu Santo e impecables en su apariencia. Tres personas clave que se unieron a ella, a fines de la década de 1940, permanecieron hasta que ella falleció: el organista Charles Beebee, el pianista Jimmy Miller y su asistente Marguerite Hartner.

Pasé muchas horas hablando con Maggie sobre esos primeros días en Pittsburgh. A menudo se le llenaban los ojos de lágrimas cuando hablaba de las personas cuyas vidas se vieron afectadas, incluida la de ella misma.

Maggie me contó que Kathryn era inexorablemente leal a la gente de Franklin. Después de todo, la habían abrazado en un momento crítico de su vida. Cuando el personal del ministerio en Pittsburgh le sugirió que trasladara su sede a la ciudad de ellos, ella les dijo: "Estaré en el Templo de la Fe hasta que el techo se derrumbe".

El Día de Acción de Gracias de 1950, durante una tormenta de nieve, ¡eso fue exactamente lo que sucedió! Finalmente, toda la operación del ministerio se basó en Steel City.

Ese mismo mes, la nación se dio cuenta de la existencia de Kathryn Kuhlman cuando la revista *Redbook* publicó el artículo "¿Puede la fe en Dios sanar a los enfermos?".

Durante cuatro meses, un equipo de escritores, investigadores y médicos examinó a ocho personas que afirmaban haber sido sanadas en las reuniones de Kathryn, desde un hombre con una cadera rota hasta un paciente con cáncer. El brillante y positivo informe hizo que muchos escépticos se convirtieran, incluido el autor del artículo.

SENTIDO COMÚN

Cada uno de los cultos de Kathryn Kuhlman a los que asistí eran ordenados y ella detenía a cualquiera que comenzara a gritar, profetizar o hablar en lenguas durante la actividad. Para ella, eso constituía una intrusión en lo que Dios estaba tratando de hacer. "El Espíritu Santo es un caballero", decía ella. "Él hace las cosas decentemente y en orden. Cuando habla a través de mí, no se interrumpirá y hablará a través de otra persona".

> "EL ESPÍRITU SANTO ES UN CABALLERO", DECÍA ELLA. "ÉL HACE LAS COSAS DECENTEMENTE Y EN ORDEN".

En su libro *Una vislumbre de gloria*, ella escribió: "No puedo permitirme ir donde haya fanatismo. Arriesgo demasiado. Tengo una responsabilidad con Dios". Y agregó: "Como saben, creo que a veces el mundo tiene la idea de que las únicas personas que creen en el poder de Dios son mujeres seniles y hombres poco inteligentes. Todos esos gritos y alborotos… Créanme, si me estuvieran presentando al Espíritu Santo por primera vez en una reunión de esa clase, me iría corriendo y nunca volvería. Necesitamos un bautismo, a la antigua, de buen sentido común".

Es posible que algunos pentecostales no entendieran sus reglas, pero en sus reuniones había ortodoxos griegos, católicos romanos, personas de prácticamente todas las denominaciones protestantes, y aquellos que nunca habían cruzado el umbral de una iglesia. Ella era sensible a sus orígenes.

EXIGE LO MEJOR

Las palabras "primera clase" estaban ligadas a su ministerio y ella, ciertamente, era una perfeccionista. Ralph Wilkerson me dijo: "Nunca conocí a una persona que se preocupara tanto por los detalles. Si una silla estaba fuera de lugar, ella lo notaba de inmediato".

> "NO PUEDO PERMITIRME IR DONDE HAYA FANATISMO. ARRIESGO DEMASIADO. TENGO UNA RESPONSABILIDAD CON DIOS".

Si un niño empezaba a llorar, un ujier se acercaba a su madre al instante, consciente de que Kathryn podría detener el servicio si no se detenía el alboroto. Si un

miembro del coro usaba una camisa de un color inade-
cuado, ella lo detectaba en un segundo.

Kathryn solía decir: "Dios exige lo mejor de nosotros. Y se lo merece. Después de todo, él nos dio lo mejor
de sí cuando envió a su Hijo a esta tierra. Por tanto, no
debemos conformarnos con darle menos que lo mejor a
cambio".

Una de las primeras cosas que observé sobre las reuniones de Kathryn fue que ella siempre tenía el control.
Desde el momento en que aparecía en la plataforma,
nunca perdía el enfoque. Mientras el coro cantaba, ella
permanecía a un lado, absorta en la música. Cuando
Jimmie McDonald cantaba, Kathryn le prestaba toda su
atención; y la gente, a menudo, observaba su expresión y
la manera en que escuchaba a Jimmie. Sin duda, esa era
su reunión.

UNA PUERTA ABIERTA

"¿Dónde podremos ir?", se preguntó Kathryn cuando le
informaron que Carnegie Hall, el edificio que había uti-
lizado durante diecinueve años, de 1948 a 1967, iba a
cerrar por remodelación. Sus cultos de milagros matutinos de los viernes en ese auditorio se habían convertido
en una institución.

> "DIOS EXIGE LO MEJOR DE NOSOTROS.
> Y SE LO MERECE. DESPUÉS DE TODO,
> ÉL NOS DIO LO MEJOR DE SÍ CUANDO
> ENVIÓ A SU HIJO A ESTA TIERRA".

La respuesta provino del Dr. Robert Lamont, pastor de la histórica Primera Iglesia Presbiteriana de la ciudad. Él había asistido al Congreso Mundial de Evangelización de 1966, en Berlín, que resultó en una nueva apertura a la obra del Espíritu Santo.

Cuando algunos miembros de su iglesia le dijeron que Kathryn Kuhlman necesitaba un nuevo lugar para sus servicios de los viernes, él no cerró la puerta. Después de mucha oración, presentó la idea a su junta directiva y aprobaron la propuesta. Hasta sus últimos meses en la tierra, Kathryn efectuó sus cultos semanales en ese santuario. El Dr. Lamont, a menudo, oraba con Kathryn Kuhlman antes de que ella subiera a la plataforma.

Recuerdo muy bien esos viernes por la mañana cuando yo viajaba, desde Toronto, para estar en esa atmósfera extraordinaria del Espíritu Santo. Esas reuniones tocaron profundamente mi alma y transformaron mi vida. Su ministerio, como pronto supe, era más que manifestaciones y milagros. Ella tenía un *mensaje*.

Detrás de esos ojos centelleantes y aquel cabello rojizo había una persona que estaba totalmente inmersa en la Palabra.

A menudo me han preguntado: "¿En qué creía realmente Kathryn Kuhlman? ¿Cuál era la esencia de su enseñanza? ¿Qué quería que entendieran sus oyentes?".

> "ESAS REUNIONES TOCARON PROFUNDAMENTE MI ALMA Y TRANSFORMARON MI VIDA".

Servicios de sanidad en
diferentes ciudades.

Predicando en una cruzada de milagros.

Dirigiendo al coro.

Auditorio en Denver.

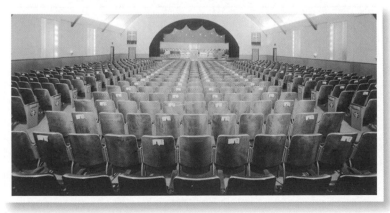

En su oficina
firmando copias
del libro:
Yo creo en milagros.

Lápida de Kathryn
Kuhlman

Parque en su ciudad
natal dedicado
a su memoria.

Servicios de sanidad en
diferentes ciudades.

¡No se trata de ser digno
porque ningún hombre lo es!
¡Es solo la gracia de Dios!
—Kathryn Kuhlman

CAPÍTULO 6

Creo, ¡realmente creo!

"SILENCIO, AHORA PERMANEZCAN en silencio", susurró Kathryn por el micrófono. "Estén quietos todos". Charles Beebee, su organista, levantó el pie del pedal con suavidad y tocó muy tiernamente una hermosa melodía. Se podía escuchar si un alfiler caía en la Primera Iglesia Presbiteriana.

Unos segundos antes, la sala estaba llena de música conmovedora y de gloriosas alabanzas.

Como joven cristiano que viajaba a Pittsburgh desde Canadá al menos una vez al mes, todo eso era muy novedoso para mí. Parecía que transcurría una eternidad antes de que ella volviera a decir, apenas audiblemente: "Él aparece cuando permaneces en silencio". Y volvió a repetir en voz muy baja: "Él aparece cuando permaneces en silencio".

Como todos los presentes en ese santuario, esperé anhelante, preguntándome qué pasaría después.

De repente, en esa atmósfera tenue, comenzaron a ocurrir las sanidades. Y durante el resto del servicio, la gente pasaba a la plataforma para confirmar las maravillas que Dios había realizado.

Durante los siguientes años fui testigo de decenas de milagros ocurridos en sus reuniones. Escuchaba atentamente cada palabra que pronunciaba sobre el tema de la sanidad.

> "ÉL APARECE CUANDO PERMANECES EN SILENCIO".

"ME DOLÍA EL CORAZÓN"

Al estudiar su vida, descubrí que en los primeros días del ministerio de Kathryn Kuhlman, ella estaba muy perturbada por lo que observaba con aquellos que estaban involucrados en el campo de la sanidad divina. Ella comentó con franqueza: "Estaba confundida por muchos de los 'métodos' empleados que vi y disgustada con las 'actuaciones' imprudentes que presencié, ninguna de las cuales podía asociar —de ninguna manera— con la acción del Espíritu Santo ni, en efecto, con la naturaleza misma de Dios".

Ella sentía especial preocupación cuando se culpaba a las personas sinceras por sus constantes enfermedades. "Con demasiada frecuencia había visto individuos patéticamente enfermos arrastrando sus cuerpos cansados y debilitados a casa desde un servicio de sanidad, habiéndoles dicho que no fueron sanados simplemente por su propia falta de fe", afirmó. "Me dolía el corazón por esas personas, ya que sabía cómo luchaban, día tras día, tratando desesperadamente de obtener más fe, sacando lo que tenían, y tratando de analizarlo, en un esfuerzo desesperado por descubrir sus deficiencias, las que presumiblemente les estaban impidiendo recibir el poder sanador de Dios. Yo sabía lo inevitable de su derrota, porque sin darse cuenta se miraban a sí mismos, y no a Dios".

EL DÍA DE LOS MILAGROS

¿Realiza Jesús milagros de sanidad en la actualidad? ¿Cesaron tales milagros con el fin del ministerio terrenal de Cristo?

Esas fueron las preguntas que Kathryn Kuhlman planteó una vez en un mensaje titulado "El toque sanador del Señor". "¡No hay un 'día de los milagros'!", proclamó. "Los milagros son las manifestaciones del poder de Dios. Este maravilloso poder se manifestó a lo largo de la dispensación de Dios Padre, a lo largo de la dispensación de Jesucristo el Hijo, y continúa manifestándose durante esta dispensación del Espíritu Santo".

¿Cómo podría Kathryn o cualquier persona que haya presenciado sus reuniones dudar de que Dios todavía sana? Ella creía que la obra sanadora de Cristo nunca había cesado. "Siempre que Dios actúa, es de manera sobrenatural; por lo tanto, los milagros continuarán mientras Dios todavía esté en su trono", afirmó Kathryn. "Permítanme repetir: ¡No hay un 'día de milagros' con Dios!".

"¡ME IMPRESIONAN MUCHO!"

"Espero que no hayas venido a ver a Kathryn Kuhlman", decía, indicándole al público que apartara la vista de ella. "Me sentiría muy mal si sintiera que has venido con ese propósito. Espero que hayas venido a encontrarte con Jesús y con el Espíritu Santo".

Para recalcar el punto, a menudo citaba la Escritura: "Dios escogió lo insensato del mundo para avergonzar a los sabios, y escogió lo débil del mundo para avergonzar a los poderosos ... a fin de que en su presencia nadie pueda jactarse" (1 Corintios 1:27, 29).

Ella estaba firmemente convencida de que Dios no compartirá su gloria con ninguna persona. "En el mismo momento en que un hombre o una mujer comience a compartir la gloria, el poder se va de su ministerio".

> "ESPERO QUE NO HAYAS VENIDO
> A VER A KATHRYN KUHLMAN".

Asombrada por lo que el Espíritu Santo estaba haciendo en sus reuniones, Kathryn parecía una niña con los ojos muy abiertos. "Cuando los milagros ocurren ... me impresionan mucho, como si nunca hubiera visto suceder uno en toda mi vida", exclamaba. "Estoy tan asombrada como cualquier otra persona en el auditorio. Tal vez más, porque sé mejor que nadie que no tuve nada que ver con eso. 'No es por fuerza. No es por poder, sino por mi Espíritu, dice el Señor'".

Nunca hubo una ilusión con respecto a su responsabilidad. "Me preocupa que a veces la gente se canse de escucharme repetir: 'Kathryn Kuhlman no tiene nada que ver con esto. Kathryn Kuhlman nunca ha sanado a nadie'. Sin embargo, sé la verdad de esa declaración mejor que nadie. Sé que todo eso se debe al poder sobrenatural de Dios. Mi responsabilidad es tener mucho cuidado en cuanto a darle a Dios la alabanza, la honra y toda la gloria".

En reconocimiento al tesoro que el Señor puso en sus manos, Kathryn dijo: "Debo guardar lo que él me ha dado con mucho cuidado. Porque un día, cuando esté en su gloriosa presencia, voy a tener que dar cuenta de lo que me ha confiado hoy".

> "MI RESPONSABILIDAD ES TENER MUCHO CUIDADO EN CUANTO A DARLE A DIOS LA ALABANZA, LA HONRA Y TODA LA GLORIA".

¿SOLO UN CAMINO?

Los milagros ocurrían mientras el servicio estaba en pleno desarrollo. Pueden ocurrir mientras canta el coro, durante un testimonio, cuando se recolecta la ofrenda o en esos momentos de intensa quietud. Para Kathryn, en realidad, no había una única forma en que Dios sanaba. "Si crees que no reconozco los métodos sacramentales de sanidad que se usan en muchas iglesias, no has entendido bien", afirmó. "El poder del Espíritu Santo no está limitado a un lugar, método o sistema exclusivo".

Ella aconsejaba a las personas que no fueran tan dogmáticas ni rígidas en cuanto a su pensamiento, enseñanza y metodologías, puesto que podrían excluir otras verdades de igual importancia. Para ilustrar eso, ella dijo: "Encontramos que Dios otorgó el don del Espíritu Santo en el día de Pentecostés y en la casa de Cornelio sin ninguna intervención humana, como por ejemplo, 'imponer las manos'; pero en el avivamiento samaritano (Hechos 8:17) y en el de Éfeso (Hechos 19:8), los creyentes fueron llenos del Espíritu por la 'imposición de manos'".

> "EL PODER DEL ESPÍRITU SANTO NO ESTÁ LIMITADO A UN LUGAR, MÉTODO O SISTEMA EXCLUSIVO".

Coincido con la opinión de Kathryn Kuhlman, que pensaba que la persona que es inflexible de una manera u otra o que convierte eso en un problema, comete un error.

Kathryn contó la historia de Juan 9, en cuanto a cómo sanó Cristo al hombre que había nacido ciego. "En este caso particular", dijo, "Jesús escupió en el suelo, hizo barro con la saliva y lo untó en los ojos del ciego; luego le dijo: 'Ve, lávate en el estanque de Siloé ... este se fue, pues, y se lavó, y volvió viendo'".

Ella contrastó ese milagro con lo que sucedió en otra ocasión. "Sucedió que al acercarse Jesús a Jericó, (Lucas 18:35), estaba un ciego sentado junto al camino pidiendo limosna. En este caso no tenemos constancia alguna de que la mano del Maestro lo haya tocado alguna vez y, estamos seguros de que no le puso barro en los ojos. Al contrario, Jesús le habló al hombre y le dijo: 'Recibe la vista ... tu fe te ha sanado'. Al instante recobró la vista".

¿Por qué son importantes estos ejemplos? Ambos hombres eran ciegos y los dos recibieron la vista. En cada caso se utilizaron métodos diferentes.

"¡LA DAMA MILAGROSA!"

Cada milagro, independientemente de su magnitud, es importante.

Kathryn recordó un día que estaba de compras en la antigua tienda por departamentos Bullock's, en Wilshire Boulevard, en Los Ángeles. "Había entrado ahí para comprar algo y estaba saliendo del establecimiento cuando vi a dos niños (después descubrí que eran hermanos) de unos ocho y diez años de edad".

Los chicos estaban parados afuera de la tienda vendiendo golosinas. Uno de ellos vino corriendo hacia mí y me dijo:

—Señorita, ¿le gustaría comprar una barra de chocolate? —pero... cuando me miró a la cara, sus ojos se agrandaron como dos enormes platos y gritó:

—¡Willie! ¡Willie! ¡Aquí está la dama milagrosa! ¡Aquí está la dama milagrosa!

Kathryn se quedó allí parada y sonrió.

Él estaba tan emocionado que tartamudeaba.

—¿Sabes?, una vez me sucedió un milagro —le dijo el chico—. Un milagro maravilloso.

—¿Y qué fue? —preguntó Kathryn Kuhlman.

—Bueno —dijo el chico— un día necesité una moneda de veinticinco centavos. La necesitaba muchísimo. Le pedí a Dios que me la diera. ¿Y sabes qué? Andaba caminando por la calle y, ahí, en la acera, ¡había una moneda de veinticinco centavos! ¡Dios me hizo un milagro!

Kathryn relató el incidente para aclarar este punto: "Para aquel chico, eso fue un milagro", dijo. "Para un hombre al que le urge curarse de un cáncer, encontrar una moneda de veinticinco centavos no es un gran milagro. La profesión médica le ha dicho a ese individuo que no tiene cura. Sin embargo, de repente, en su tierna misericordia, Dios actúa en contradicción con todas las leyes científicas conocidas, ya que su poder sobrenatural trae sanidad. Y eso es un milagro tan grande como que el chico encuentre una moneda de veinticinco centavos en la calle".

> CADA MILAGRO, INDEPENDIENTEMENTE DE SU MAGNITUD, ES IMPORTANTE.

OLVÍDATE DE TI

Después de observar durante mucho tiempo cómo Dios realizaba milagros, Kathryn encontró que a menudo se aplicaba el principio de la "Regla de oro" en estos casos, un principio del que he sido testigo en muchas ocasiones en nuestros cultos. Las personas que oraban por los demás fueron bendecidas personalmente. Como ella explicó: "A menudo, hay quienes vienen orando por sanidad física y les impresiona tanto el impacto espiritual del servicio de milagros que se olvidan de sus propias necesidades. Al poco tiempo, los vemos orando a favor de los demás y se regocijan por los milagros que ven ocurrir. Por extraño que parezca, a veces, es en ese preciso momento que Dios decide sanar, cuando la persona olvida el yo y pone a Dios y a los demás en primer lugar".

¡DIOS ME HIZO UN MILAGRO!

Kathryn Kuhlman afirmó que algunas de las mayores manifestaciones del poder de Dios que experimentó ocurrieron cuando se dio cuenta y reconoció su propia impotencia. "Estás más cerca de poseer esta gracia impartida", dijo, "cuando te das cuenta de tu propia impotencia, y de tu total y absoluta dependencia del Señor".

En repetidas ocasiones, expresó gran preocupación por aquellos que intentan ordenar, incluso amenazar al Todopoderoso para satisfacer su necesidad. "Dios nunca responde a las demandas del hombre para probarse a sí mismo. Me asombra la cantidad de personas que tratan de hacerle propuestas a Dios. Pero uno no puede poner a Dios en aprietos. No puedes decirle: 'No confío mucho en ti pero, si me sanas, entonces creeré en ti'".

Muchas veces Kathryn Kuhlman advirtió que no recibimos nada si le exigimos a Dios. Ella afirma que es por su gran amor, compasión y misericordia que él nos da. "A menudo perdemos de vista el hecho de que ninguno de nosotros puede reclamar justicia propia, nadie es digno de la más mínima bendición. Somos receptores de su bendición por su misericordia y su compasión".

> "LA SANIDAD ES UN ACTO
> SOBERANO DE DIOS".

Después de años de estar trabajando personalmente en un ministerio en el que se manifiestan los milagros, coincido por completo con Kathryn Kuhlman, que afirmó esta importante verdad: "La sanidad es un acto soberano de Dios".

CUERPO Y ALMA

Para Kathryn, había un vínculo inseparable entre los milagros del cuerpo y los del alma. Creía que toda sanidad física venía acompañada de una sanidad espiritual, se entrelazan.

Eso sucede en nuestras reuniones como ocurría en las de ella. "En cada uno de mis cultos de milagros", observaba ella, "a veces en plena actividad del culto los cuerpos están siendo sanados, los pecadores acuden al frente, llorando y diciendo: 'Quiero nacer de nuevo'. Aunque no he mencionado nada acerca de la salvación o del arrepentimiento. Ni he planteado ningún llamado al altar. Sin embargo, vienen. Ese es el mover del Espíritu Santo".

Es cierto. Cuando hay una poderosa presencia del Espíritu Santo y los cuerpos enfermos están siendo sanados, también hallarás que él está tocando las almas. "La curación espiritual, que es la mayor de todas las sanidades, siempre acompaña a los milagros de sanación", decía Kathryn. "De hecho, esa es la razón misma de los milagros: glorificar a Dios y atraer a hombres y mujeres a Cristo".

¿Qué era este "movimiento del Espíritu" del que Kathryn hablaba tan a menudo?

¿Qué quiso decir Kathryn Kuhlman cuando declaró: "Conozco el poder secreto de este ministerio"?

¿A quién se refería cuando dijo: "Sin él estoy hundida"?

> "LA CURACIÓN ESPIRITUAL,
> SIEMPRE ACOMPAÑA
> A LOS MILAGROS DE SANACIÓN".

CAPÍTULO 7

"Sin él, ¡estoy hundida!"

"¡Es su carisma!", insistió un crítico que pensaba que la poderosa personalidad de Kathryn Kuhlman fascinaba a la gente. "¿No ves cómo hace reír y llorar a la gente? Mira la forma en que los manipula. ¡Ella podría decirles cualquier cosa y lo creerían!".

Es obvio que ese hombre no entendía que Kathryn era quizás la persona más insegura que jamás haya pisado una plataforma. Sí, tenía la capacidad de comunicarse con la gente, pero cuando se trataba de milagros, se sentía totalmente indefensa. "¿No entienden, gente?", suplicaba. "No tengo nada en que apoyarme. Si hubiera tenido una educación, podría haber usado eso como muleta. Si tuviera talento, podría haber usado eso como soporte. No tengo nada en que apoyarme. Nada, solo él. Sé que no tengo talentos sanadores. Créanme, sin el poder del Espíritu Santo estoy hundida".

Como testigo que era de la manera en que las personas caían bajo el poder, siendo liberadas y sanadas, ella sabía mejor que nadie que eso no era resultado de su habilidad. "Dependo absolutamente del poder del Espíritu Santo", sostenía.

> "SI TUVIERA TALENTO, PODRÍA HABER USADO ESO COMO SOPORTE. NO TENGO NADA EN QUE APOYARME. NADA, SOLO ÉL".

Kathryn Kuhlman incluso mencionó el desapego absoluto de lo que ocurría en los cultos de milagros, como si estuviera sentada en el auditorio viendo a un Dios impresionante en acción.

Cuando la gente la elogiaba como una mujer que tenía el don de la fe o el de la curación, los detenía de inmediato. "Nunca he dicho que tenga un don del Espíritu", declaró. Kathryn creía que ella era simplemente una sierva, un vaso que entregaba su cuerpo al Espíritu Santo y que este obraba a través de ella para exaltar a Cristo.

Creía en los dones del Espíritu y en la operación de los dones, pero también estaba convencida de que si uno ha recibido un don, no debe andar jactándose. Por eso decía: "Me asusto cuando alguien viene y dice: 'Tengo el don de tal y cual cosa'".

Sin embargo, llevaba un gran peso sobre sus hombros. "Han sido muchas las veces que he considerado esta tremenda responsabilidad y he deseado que él hubiera llamado a otra persona en mi lugar", afirmó. Por mi propia experiencia en un ministerio similar al de Kathryn Kuhlman por varios años, sé a qué se refería ella.

> ## "NUNCA HE DICHO QUE TENGA UN DON DEL ESPÍRITU", DECLARÓ.

NUNCA TE ABURRES CON ÉL

Kathryn Kuhlman fue la primera cristiana que escuché hablar del Espíritu Santo como *persona*. Fue una revelación sorprendente para mí y se constituyó en el catalizador que transformó mi vida espiritual.

"Conocerlo es emocionante", sonrió Kathryn. "Nunca te aburres con él. Nunca". Habló de su vivaz personalidad, sus emociones, su intelecto, su voluntad, todos los atributos de una persona real.

Aprendí que no se puede poner al Espíritu Santo en una categoría determinada y decir: "Así es como él actúa". Ella predicaba que muchas personas e iglesias intentan limitarlo, pero eso es imposible. "Estamos tratando de limitar al Espíritu Santo dentro de nuestras propias ideas y creencias en algunos de nuestros grupos pequeños, en lugar de permitir que actúe libremente más allá de nuestros conceptos. ¡No pasará mucho tiempo antes de que salte la cerca y se vaya!".

Pones al Espíritu en un rincón y declaras: "Lo tenemos". Al respecto, ella advirtió que un día la gente podría despertar y descubrir que son ellos los que fueron abandonados por él. El Espíritu Santo es más grande que las líneas denominacionales y mucho más que las ideas preconcebidas del hombre.

> ## "CONOCERLO ES EMOCIONANTE", SONRIÓ KATHRYN. "NUNCA TE ABURRES CON ÉL. NUNCA".

"Oh, no sabes lo que te estás perdiendo", comentaba con frecuencia a aquellos que piensan en el Espíritu Santo como una simple *influencia* o como un *misterio*. "Hay algo especial en él y, cuando te haces amigo de él, se convierte en una parte vital de ti y es entonces cuando empiezas a vivir de verdad".

NO ME QUITES TU ESPÍRITU

Kathryn Kuhlman continuamente afirmaba que si supiera que el Espíritu Santo se iba a apartar de ella, nunca más subiría a un escenario ni participaría en un ministerio. "Dios, puedes quitarme todo lo que tengo, viviré de pan y agua por el resto de mi vida, predicaré el evangelio desde la esquina de una calle, *pero no me quites tu Espíritu Santo*".

Aquellas simples palabras no podían expresar completamente el lugar especial del Espíritu Santo en la vida de Kathryn ni describir la comunión que ella tenía con él. A veces hablaba de un "sentido de protección" que apreciaba, no queriendo que nadie trajera un reproche a aquel que significaba tanto para ella.

Kathryn les recordaba a sus oyentes que los milagros de Jesús comenzaron después que él salió de las aguas del bautismo y el Espíritu Santo se posó sobre él como paloma. El Señor también sabía que cada vez que hubo un milagro, fue realizado por el Espíritu Santo.

> EL ESPÍRITU SANTO ES MÁS GRANDE QUE LAS LÍNEAS DENOMINACIONALES Y MUCHO MÁS QUE LAS IDEAS PRECONCEBIDAS DEL HOMBRE.

"La gente a menudo habla de 'mi iglesia'", afirmaba, "pero solamente Jesús podía decir eso con propiedad". Ella sostenía que él se refería al cuerpo de creyentes, al de entonces y al de ahora. Por eso, toda persona, ya sea judía o gentil, que tiene la experiencia del nuevo nacimiento nace automáticamente en este cuerpo.

Kathryn predicaba que antes de que Jesús se fuera, quiso darle a su iglesia, "aquellos que me has dado" (Juan 17:11), el regalo más grande que pudiera dar. "El Espíritu Santo había sido muy fiel a él", afirmó. "Jesús dependía de él y no lo había defraudado. Él dijo: 'Les conviene que me vaya porque, si no lo hago, el Consolador no vendrá a ustedes; en cambio, si me voy, se lo enviaré a ustedes'" (Juan 16:7).

Cuando Jesús dijo: "Y recibirán poder", estaba hablándoles a los suyos, a este gran cuerpo de creyentes, no solo a los 120 que estaban en el aposento alto, concluyó Kathryn Kuhlman. "La promesa es para ustedes, para sus hijos" (Hechos 2:39). "¡Es para ti y para mí!", proclamaba ella. ¿Cuál fue el poder que Jesús dijo que vendría "cuando el Espíritu Santo haya venido sobre ustedes"? (Hechos 1:8). Era el mismo poder que se manifestó en su vida y su ministerio.

> "DIOS, PUEDES QUITARME TODO LO QUE TENGO, VIVIRÉ DE PAN Y AGUA POR EL RESTO DE MI VIDA… *PERO NO ME QUITES TU ESPÍRITU SANTO"*.

Lo más grande que Jesús pudo impartir a su iglesia fue el don del Espíritu Santo. "Es parte de tu herencia. ¡Es tuyo!", declaró Kathryn Kuhlman.

"¡NI SIQUIERA PUEDE SEGUIR UNA MELODÍA!"

Dado que en sus reuniones eran frecuentes las manifestaciones pentecostales, a Kathryn le preguntaban acerca de la glosolalia o el hablar en lenguas.

La primera vez que fue testigo de que alguien estaba lleno del Espíritu fue al principio de su ministerio cuando ella y Helen Gulliford, "Las chicas de Dios", viajaban juntas. Estaban celebrando una serie de reuniones en Joliet, Illinois, en el segundo piso de un antiguo edificio comercial. (Eso también fue en Joliet, donde se convirtió en ministra ordenada de la Alianza de la Iglesia Evangélica).

"Ya había hecho el llamado al altar y el servicio había terminado", recordó Kathryn. "Todavía había como tres o cuatro que estaban arrodilladas orando. Era muy tarde".

Una de las que acudió al altar para entregar su vida a Jesucristo fue Isabel Drake, una maestra de escuela que viajaba todos los días a Chicago. "Yo estaba sentada ahí, hablando en voz baja con la madre de Isabel. Prácticamente todas las luces estaban apagadas, estábamos ahorrando electricidad".

De repente, Isabel Drake, de rodillas, miró hacia arriba, levantó las manos al cielo y comenzó a cantar. "Era un canto muy hermoso, tan claro como una campana. Y ella estaba cantando en un idioma que nunca había escuchado. Era tan sutil, tan hermoso, que sentí que el vello de mi piel comenzaba a erizarse".

> LO MÁS GRANDE QUE JESÚS PUDO IMPARTIR A SU IGLESIA FUE EL DON DEL ESPÍRITU SANTO.
> "ES PARTE DE TU HERENCIA. ¡ES TUYO!"

Eso era totalmente desconocido para Kathryn. "Todo lo que sabía cuando comencé en el ministerio era acerca de la salvación, nada más, y uno no le da a nadie más de lo que ha experimentado en persona".

La asombrada madre de la joven agarró la mano de Kathryn y dijo: "Esa no es mi hija cantando. ¡Ni siquiera puede seguir una melodía!".

El rostro de Isabel brilló como el de un ángel. Y mientras cantaba, ella glorificaba y magnificaba a Jesús. Eso continuó durante varios minutos.

"Estaba muy conmovida y profundamente afectada", dijo Kathryn. "Creo que ahora sé un poco cómo será la música en el cielo. Recuerda, cuando el Espíritu Santo lo hace, es perfecto. Nunca hay una nota discordante. Nunca es demasiado grave ni demasiado aguda".

Esa noche, por primera vez, Kathryn escuchó cantar a una persona en el Espíritu Santo.

HAMBRE DE MÁS

Muchos años más tarde, después de que el Espíritu revolucionara el ministerio de Kathryn Kuhlman, ella estaba celebrando un servicio en Portland, Oregón. "Una hermana católica del Monasterio de la Luz Preciosa estaba en la reunión. Ella nunca había visto a nadie lleno del Espíritu Santo", dijo Kathryn.

Con cierta timidez, la mujer subió los escalones de la plataforma y dijo:

—Acabo de ser sanada.

—Oh, hermana, eso es maravilloso. Me contenta mucho —respondió una exuberante Kathryn.

Cuando la monja comenzó a caminar por la plataforma, dio unos pasos; luego se volvió hacia Kathryn y susurró:

—Tengo mucha hambre de recibir más del Espíritu Santo.

Kathryn no oró por la mujer, pero "en ese momento la monja fue tocada por el Espíritu y cayó postrada bajo el poder. Antes de tocar el suelo, comenzó a hablar en un idioma muy hermoso. Nadie le había dicho que hacer". De repente, los miles de aquella audiencia se quedaron en silencio. Un silencio sagrado envolvió a la multitud.

"El Espíritu se posó en ella y aquella monja, a quien nunca se le había enseñado a hablar, orar o cantar en lenguas, se rindió a él", dijo Kathryn. "El Espíritu Santo la estaba llenando y, de repente, sus labios hablaron un lenguaje celestial".

Fue un momento tan hermoso que me dijeron que Kathryn Kuhlman sintió ganas de quitarse los zapatos. "Estábamos parados en tierra sagrada", dijo, mientras su memoria regresaba a ese momento. "Estábamos de pie en la presencia del Altísimo. La perfección del Espíritu Santo estaba ahí".

> "EN ESE MOMENTO LA MONJA FUE TOCADA POR EL ESPÍRITU Y CAYÓ POSTRADA BAJO EL PODER".

LA EVIDENCIA

"¿Cómo se llena uno del Espíritu Santo?", le preguntaron a Kathryn Kuhlman.

Ella apuntó a la Escritura: "Él está con ustedes y estará en ustedes" (ver Juan 14:17), y marcó la distinción entre el Espíritu que está "*con*" ustedes y el que está "*en*" ustedes.

No se puede negar la presencia del Espíritu Santo en cada cristiano, eso se manifiesta con su poder de convicción. "Él estaba contigo incluso antes de que nacieras de nuevo porque es el Espíritu Santo el que convence —de pecado y de juicio— al pecador", apuntó.

¿Cómo puede el Espíritu estar *en* ti? La razón por la que Kathryn siempre animaba a la gente a alabar y adorar a Jesús es porque en ese momento entra el Espíritu Santo. Jesús dijo: "Él me glorificará" (Juan 16:14).

"Creo en hablar en lenguas desconocidas", declaró. "Estoy convencida de ello absoluta y completamente. Pero ningún teólogo puede mostrarme ni probarme en la Palabra de Dios que a ti y a mí se nos mandó alguna vez buscar las lenguas".

La forma para ser llenos del Espíritu, entonces, es buscar más y más de Jesús. El Espíritu Santo se manifiesta a través de la alabanza y la adoración. "Cuando llegas a amar a Jesús con todo tu corazón no tienes que luchar. Cuando amas a Jesús, es muy fácil rendirse a él".

De las dos evidencias del Espíritu —el poder y las lenguas—, Kathryn mantuvo firmemente que la mayor de las dos es el poder que se manifiesta en tu vida. Jesús dijo: "Pero recibirán poder, cuando haya venido sobre ustedes el Espíritu Santo" (Hechos 1:8).

> "CUANDO AMAS A JESÚS, ES MUY FÁCIL RENDIRSE A ÉL".

En opinión de Kathryn Kuhlman, el ruido y el clamor nunca podrían sustituir al poder. Ella habló sobre un Ford Modelo T antiguo que compró una vez, en Idaho, por 35 dólares. "Si el ruido fuera poder, habría sido lo más poderoso que jamás haya estado en la carretera", dijo riéndose entre dientes.

CELOS Y ORGULLO

Para Kathryn, la mayor evidencia de haber sido llena del Espíritu Santo es el fruto del Espíritu que sigue a ello. "¿Qué de bueno hay con hablar en una lengua desconocida si no está acompañado por el poder del Espíritu Santo y el amor de Jesús?".

Luego señaló a sus oyentes las palabras del apóstol Pablo: "Si hablo en lenguas humanas y angelicales, pero no tengo amor, no soy más que un metal que resuena o un platillo que hace ruido. Si tengo el don de profecía y entiendo todos los misterios y poseo todo conocimiento, y si tengo una fe que logra trasladar montañas, pero me falta el amor, no soy nada. Si reparto entre los pobres todo lo que poseo, y si entrego mi cuerpo para que lo consuman las llamas, pero no tengo amor, nada gano con eso" (1 Corintios 13:1-3).

A Kathryn Kuhlman la perturbaban tanto los celos como el orgullo espiritual que veía entre muchas personas que decían estar llenas del Espíritu. Cada uno de estos está en conflicto directo con la Palabra. "El amor es paciente, es bondadoso. El amor no es envidioso ni jactancioso ni orgulloso" (1 Corintios 13:4).

Se decepcionaba al conocer gente que se le acercaba y le decía: "Oh, señorita Kuhlman. Es un placer conocerla. Quiero que sepa que he sido lleno del Espíritu Santo. Tengo el bautismo y todos los dones del Espíritu".

Es posible que también hayas conocido personas que, después de afirmar estar llenos del Espíritu, se ven consumidos por el orgullo. Todos los demás parecen estar en un nivel inferior porque no han recibido "el don". Kathryn comentó: "Me dan ganas de agarrar un alfiler y desinflarlos. Me alejo de esa persona tan rápido como puedo. Porque si has recibido el bautismo del Espíritu Santo, uno de los frutos del Espíritu que has de manifestar es la humildad".

El fruto y los dones del Espíritu son tan sagrados que ella nunca se jactaría de ellos. Al contrario, diría: "Son preciosos como hermosas joyas. Guárdalos muy bien".

Kathryn sostenía que el Espíritu Santo no se nos da para nuestro propio disfrute; se nos da para servir. "Si solo utilizas al Espíritu Santo para tu propia satisfacción, como para ostentar tu espiritualidad, estás perdiendo el verdadero propósito y beneficio de tenerlo en tu vida".

> EL FRUTO Y LOS DONES DEL ESPÍRITU:
> "SON PRECIOSOS COMO HERMOSAS
> JOYAS. GUÁRDALOS MUY BIEN".

"YA LO RECIBÍ"

La salvación ocurre en el momento específico en que naces en el cuerpo de Cristo. Sin embargo, en lo referente a la relación con el Espíritu Santo, es algo constante y continuo. Kathryn Kuhlman desaprobaba a aquellos que se conforman con una experiencia que tuvieron hace tiempo y afirman: "¡Ya lo recibí!", sin esforzarse por mantener una buena comunión con el Espíritu Santo.

No. No tiene que ver con el pasado, más bien tiene que ver con una comunión diaria bajo la unción del Espíritu Santo. "No me importa lo que experimentaste hace veinticinco años", decía ella. "¿Qué experimentas hoy?".

Ella sostenía que algunas personas están tan secas como las hojas del maíz del año pasado, tratando de hacer los mismos movimientos, las mismas demostraciones, sin una verdadera comunión con el Espíritu Santo.

Ella dijo: "Yo también recibí el bautismo con el Espíritu Santo, pero nunca hay un momento en que esté en un gran servicio de milagros en el que no reciba un nuevo bautismo".

Antes de que yo predicara un sermón, escuché a la evangelista Kuhlman hablar sobre el poder refrescante del Espíritu Santo. La gente se maravillaba de que pudiera permanecer de pie durante cuatro, cinco, incluso seis horas en un servicio sin sentarse ni una sola vez. ¿Cuál era la clave? Ella dijo: "Permítanme predicar una hora bajo la unción del Espíritu Santo y saldré de esa plataforma más refrescada en cuerpo y mente que cuando entré".

> "NO ME IMPORTA LO QUE EXPERIMENTASTE HACE VEINTICINCO AÑOS", DECÍA ELLA.
> "¿QUÉ EXPERIMENTAS HOY?".

Hablando en términos personales, ahora entiendo eso completamente. Cuando la presencia del Espíritu Santo desciende durante un servicio, mi cuerpo, independientemente de lo agotado y cansado que me haya sentido, se vuelve totalmente vivo y revitalizado. ¡Grande y poderoso es el Señor nuestro Dios!

"ÉL HABLA POR MÍ"

Kathryn Kuhlman admitió que era impulsiva por naturaleza. Sin embargo, cuando se trataba de las cosas del Espíritu, se movía con lentitud, temerosa de salirse de la voluntad de Dios. A causa de sus propios fracasos, conocía el peligro de ser terca, egocéntrica y desobediente. Es por eso que ella pudo decir: "Cuando llegues a un punto en el que ya no tengas voluntad propia, descubrirás la voluntad de Dios".

En esos momentos, cuando no sabemos cómo orar, podemos acudir al Espíritu Santo que conoce la perfecta voluntad de Dios. "Él nunca trabaja separado ni aparte del Padre", decía Kathryn. "Y nunca trabaja separado ni aparte de Jesús. Él posee perfecto conocimiento de la voluntad de Dios. Y cuando llego al punto en que no tengo voluntad propia, y me arrojo sobre la persona que habita dentro de mí, él acude ante el trono e intercede por mí y habla por mí".

¡DA TODO!

"Una vasija vacía. Eso es todo lo que él está buscando: ¡una vasija vacía!". Cada noche, después de mi primer encuentro con la persona del Espíritu Santo, la voz radial de la evangelista Kuhlman se filtraba en mi habitación de Toronto. Hablando directamente a mi corazón, ella dijo: "Dale todo a él, por completo: tu cuerpo, tu mente, tus labios, tu voz, tu conciencia. Entrégate íntegramente a él. Recuerda, todo lo que él usa es una vasija vacía".

Yo sabía que un encuentro con el Espíritu Santo no era suficiente. Por eso, cada nueva mañana me entregaba totalmente a él. Luego oraba: "Espíritu del Dios viviente, ven sobre mí y refréscame". Se convirtió en mi Amigo, mi Consejero, mi Guía.

Sin embargo, necesitaba aprender más.

> "CUANDO LLEGUES A UN PUNTO EN EL QUE YA NO TENGAS VOLUNTAD PROPIA, DESCUBRIRÁS LA VOLUNTAD DE DIOS".

CAPÍTULO 8

El poder secreto

A PRINCIPIOS DE LA década de 1970 escuché un mensaje de Kathryn Kuhlman que dejó una huella indeleble en mi vida. Se titulaba *El poder secreto del Espíritu Santo.*

En ese momento, acababa de ingresar al movimiento carismático y, francamente, no sabía mucho sobre la vida guiada por el Espíritu. Una cosa que sí sabía era que yo era un joven hambriento que anhelaba alcanzar todo lo que Dios tenía que darme.

Esa mañana, en la plataforma, Kathryn Kuhlman, con su habitual vestido blanco suelto, predicó con pasión y fervor. Yo estaba saboreando cada palabra, hambriento de más.

Después del servicio me apresuré a comprar una grabación del sermón y cuidadosamente escribí cada oración que oía en una pequeña libreta de notas. Prácticamente memoricé el mensaje. No fue uno de esos que "entran por un oído y salen por el otro". Ese fue un mensaje que saturó mis pensamientos.

Muchos años después, Dios me habló y me instruyó claramente: "Predica ese mensaje".

Entonces le cuestioné: "Señor, ese no es mi mensaje".

Nunca olvidaré lo que me contestó. El Señor respondió: "Tienes razón. No es tu mensaje, ¡es mi mensaje!".

Así que lo prediqué puesto que después de tantos años, el sermón ya no era algo que acababa de escuchar, ¡era un mensaje que había vivido en carne propia! *El poder secreto del Espíritu Santo* había cobrado vida.

> CUESTIONÉ: "SEÑOR, ESE
> NO ES MI MENSAJE".

LA GRAN PROMESA

Kathryn comenzó su mensaje hablando de la multitud reunida alrededor de los apóstoles cuando salían del aposento alto. Pedro dijo: "Arrepiéntase y bautícese cada uno de ustedes en el nombre de Jesucristo para perdón de sus pecados y recibirán el don del Espíritu Santo. En efecto, la promesa es para ustedes, para sus hijos y para todos los extranjeros, es decir, para todos aquellos a quienes el Señor nuestro Dios quiera llamar" (Hechos 2:38-39).

Los pasos a Pentecostés no podrían haber sido más claros. Pedro dijo: "Arrepiéntanse", luego "bautícense". Y "recibirán el don del Espíritu Santo".

¿Cuáles fueron las últimas palabras que pronunció Cristo antes de ascender al cielo? "Pero, cuando venga el

Espíritu Santo sobre ustedes, recibirán poder y serán mis testigos tanto en Jerusalén como en toda Judea y Samaria, y hasta los confines de la tierra" (Hechos 1:8).

¡Qué clase de promesa! "Recibirán poder". Sin embargo, fue una promesa condicional. El poder no llegaría hasta que "venga el Espíritu Santo sobre ustedes". El resultado de esa experiencia los convertiría en "mis testigos".

> ¡QUÉ CLASE DE PROMESA!
> "RECIBIRÁN PODER".
> EL PODER NO LLEGARÍA HASTA QUE
> "VENGA EL ESPÍRITU SANTO
> SOBRE USTEDES".

Cuando recibas al Espíritu Santo, no te apresurarás a contarle al mundo acerca de ti. Al contrario, les dirás cómo es Cristo. Tendrás una revelación de Jesucristo, por lo que hablarás de él.

Lo que habrás de comunicar no es qué miserable pecador eras ni en qué gran cristiano te has convertido. No. El Espíritu Santo viene a ti para que declares a qué Dios poderoso, Salvador misericordioso y gran Sumo Sacerdote sirves.

¿Cuál es el primer paso que debes dar, entonces? El *arrepentimiento*. Arrepentirte te pone en el camino que lleva al fuego de Pentecostés. Cristo dijo: "Te prometo poder". Ese es el destino. Pero el *arrepentimiento* es el punto de partida.

ES UNA EXPERIENCIA SOBRENATURAL

La experiencia del nuevo nacimiento no consiste en pasar al altar, derramar algunas lágrimas y decir: "¡Lo siento, Señor!", para luego salir de ese recinto y dedicarte a vivir en tu pecado. Eso no es arrepentimiento. La salvación es una experiencia sobrenatural que no puedes lograr por ti mismo. Es un regalo del Padre, del Hijo y del Espíritu Santo.

El *arrepentimiento* es confesar y abandonar. ¡Significa creer y comportarse consecuentemente! Debes resolver la cuestión del pecado; de lo contrario, nunca conocerás lo poderoso de la experiencia del Espíritu Santo.

Muy a menudo veo creyentes que, literalmente, mueren al principio de su vida cristiana. Aceptan a Cristo, pero ese es el final de su viaje. Nunca reciben la promesa del Padre. Debes saber que la unción del Espíritu Santo es lo que mantiene viva tu salvación.

> EL ARREPENTIMIENTO ES CONFESAR Y ABANDONAR. ¡SIGNIFICA CREER Y COMPORTARSE CONSECUENTEMENTE!

El mensaje de Kathryn Kuhlman ese día incluía mucho más. Sin embargo, una y otra vez volvía a ese tema: para encontrar al Espíritu Santo hay que comenzar con el arrepentimiento.

Recuerdo cuando ella dijo: "Dios nunca le ha explicado al hombre el secreto del nacimiento físico; entonces, ¿por qué deberíamos dudar en aceptar el nacimiento del hombre espiritual? Ambos vienen de Dios." La Palabra declara: "Lo que nace del cuerpo es cuerpo; lo que nace del Espíritu es espíritu. No te sorprendas de que te haya dicho: 'Tienen que nacer de nuevo'" (Juan 3:6-7).

UN PAR DE ZAPATOS DE BOLOS

Kathryn Kuhlman contó una historia maravillosa que quiero compartir con ustedes.

Como resultado de su ministerio radial, un niño de doce años llamado Danny le envió una carta a Kathryn que la conmovió profundamente. En su misiva, él escribió:

> *Estimada señorita Kuhlman:*
>
> *Hoy es el cumpleaños de mi papá. Me dijo que le gustaría un par de zapatos de bolos. Ese es un regalo muy fácil de darle. Pero en vez de darle a mi papá lo que pidió, oro para que mi Padre celestial le dé un regalo de cumpleaños: la salvación de mi papá. Porque verá, señorita Kuhlman, preferiría que mi papá le diera su corazón a Jesús que a cualquier otra cosa en el mundo. Le anexo una foto de él en su lugar de trabajo. Uno de estos días, señorita Kuhlman, espero poder presentárselo. Él es estupendo.*
>
> *Danny*

Kathryn miró la fotografía del padre de Danny, un hombre guapo vestido con un overol de carpintero. "Al verlo, me di cuenta de que era un hombre que estaba dispuesto a trabajar duro para ganar algo de dinero y satisfacer las necesidades de su hijo pequeño. Él piensa que está siendo un padre maravilloso porque provee la comida en la mesa, compra zapatos para los pies del muchacho, ropa para su cuerpo, proporcionándole un buen hogar, una buena cama, todo lo que el dinero puede comprar".

Sin embargo, lo que ella vio fue un padre que estaba perdiendo el objetivo, alguien que "solo se preocupaba por el valor económico de la provisión material que le daba al chico".

Para Kathryn, el muchacho de doce años tenía mucha más sabiduría que su padre. "Un par de zapatos de bolos. Ese era un regalo muy fácil de dar".

Danny quería que su padre tuviera el mayor regalo de todos: un corazón transformado.

ES UNA OPCIÓN

"Sé que es maravilloso ver cuerpos enfermos sanados instantáneamente por el poder de Dios", declaró Kathryn Kuhlman, "pero hay algo mucho más grande que eso. Jesús dice: 'Tienes que nacer de nuevo'. Eso no es opcional".

También les decía a sus oyentes que Cristo nunca obliga a nadie a que acepte la salvación de su alma. Llegas a la cruz por una decisión personal. Las Escrituras dicen: "Al que a mí viene, no le echo fuera" (Juan 6:37).

Kathryn nunca olvidó el día que tuvo que tomar esa decisión. Un domingo en la iglesita metodista de Concordia, "nadie me preguntó, nadie me instó ni me presionó. Pocas personas que estaban reunidas en la iglesia ese día sabían lo que significaba nacer de nuevo".

> "ES MARAVILLOSO VER CUERPOS ENFERMOS SANADOS. PERO HAY ALGO MUCHO MÁS GRANDE QUE ESO. JESÚS DICE: 'TIENES QUE NACER DE NUEVO'".

En ese momento, a la edad de catorce años, el Espíritu Santo le habló al corazón. "Me vi a mí misma como pecadora. Vi a Jesús como el Salvador de mis pecados y tomé la decisión, la elección más grande y sabia que he hecho en toda mi vida. Ejercí mi voluntad y elegí a Jesús como mi Salvador".

La decisión que ella tomó no fue por un día, ni por un año. Fue para siempre.

La Biblia declara que Dios no desea que ninguna persona perezca o se pierda. Así que esa es nuestra decisión. Como dijo Kathryn: "No hay una sola persona en el infierno que pueda señalar con el dedo al Dios Todopoderoso y decirle: 'Tú decidiste ponerme aquí'".

Cuando Cristo murió en la cruz y clamó: "¡Consumado es!", ofreció perdón para toda la humanidad. "Todo lo que tienes que hacer es aceptar ese perdón", razonó Kathryn. "La opción es tuya".

¡ALMAS! ¡ALMAS!

Una vez, cuando participó en una convención de la Fraternidad Internacional de Hombres de Negocios del Evangelio Completo, ella declaró: "Solo puedo decirles que con mi conversión vino esta tremenda carga por las almas. Cuando pienses en Kathryn Kuhlman, piensa solo en alguien que ama tu alma, no alguien que está tratando de construir algo para sí. Al contrario, solo trabajo para el Reino de Dios, eso es todo. ¡Almas! ¡Almas!".

> LA DECISIÓN QUE ELLA TOMÓ NO FUE POR UN DÍA, NI POR UN AÑO. FUE PARA SIEMPRE.

El énfasis de Kathryn en la salvación siempre había sido la esencia de su ministerio. Leí una copia de *Joy Bells*, el boletín mensual que publicaba en el Denver Revival Tabernacle. En la edición de Pascua del 21 de abril de 1935, ella escribió: "Cristo resucitó de entre los muertos para impartir a todo creyente en él la plena seguridad de que es justificado en Cristo Jesús. Cristo mismo prometió que moriría para hacer expiación por los pecados del ser humano, lo cual hizo. Pero si Dios no lo hubiera resucitado de entre los muertos, nunca hubiéramos sabido con certeza que la expiación había sido aceptada; por lo tanto, él resucitó para nuestra justificación".

Nacer de nuevo resulta en una transformación milagrosa, de la conversión de uno al Salvador. Kathryn

Kuhlman dijo que el compositor tenía razón cuando escribió estos tres versos:

> "SOLO PUEDO DECIRLES QUE CON MI CONVERSIÓN VINO ESTA TREMENDA CARGA POR LAS ALMAS".

Algo de sí mismo y algo de ti.
Menos de uno y más de ti.
Nada de uno, sino todo de ti.

UNA PALABRA ESENCIAL

Ese mensaje de Kathryn Kuhlman —*El poder secreto del Espíritu Santo*—, nunca me ha dejado. Está envuelto en esa única y esencial palabra: ¡*arrepentimiento*! Hasta que se cumple esa condición, nada pasa. Como dijo David: "Crea en mí, oh Dios, un corazón limpio; y renueva un espíritu recto dentro de mí" (Salmos 51:10).

Arrepentirse significa "dar la vuelta". Tu corazón ya no buscará las cosas del mundo. Al contrario, pones tus afectos en algo mucho más alto. El arrepentimiento comienza pidiéndole a Jesucristo que perdone tu pecado y continúa con una crucifixión diaria de la carne. Es más que decir: "Lo siento". Más bien, es una batalla diaria en la que la persona dice "No" a sí misma y dice "Sí" a Dios.

¿Has conocido al Espíritu y de alguna manera lo has perdido? Vuelve a arrepentirte. Vuelve a vivir una vida crucificada. Él te llenará una vez más con su poder, una y otra vez. Incluso puedes llegar al punto en que dirás: "¡Detente! Ya estoy bien".

El Señor está buscando un corazón quebrantado. El salmista escribió: "Al corazón contrito y humillado no despreciarás tú, oh Dios" (Salmos 51:17 RVR1960). También declaró: "El Señor está cerca de los quebrantados de corazón" (Salmos 34:18).

Jesús habló de dos hombres que fueron al templo a orar. Uno de ellos se jactó, diciendo: "Oh Dios, te doy gracias porque no soy como otros hombres —ladrones, malhechores, adúlteros— ni mucho menos como ese recaudador de impuestos. Ayuno dos veces a la semana y doy la décima parte de todo lo que recibo" (Lucas 18:11-12). "En cambio, el recaudador de impuestos, que se había quedado a cierta distancia, ni siquiera se atrevía a alzar la vista al cielo, sino que se golpeaba el pecho y decía: '¡Oh Dios, ten compasión de mí, que soy pecador!' (v. 13). Entonces Jesús declaró: 'Les digo que este, y no aquel, volvió a su casa justificado ante Dios. Pues todo el que a sí mismo se enaltece será humillado, y el que se humilla será enaltecido'" (v. 14).

El requisito es un corazón quebrantado, no un corazón llorón ni derrotado que busca fortaleza en el hombre; un alma arrepentida, lista para recibir lo que Dios ha prometido.

Cuando el poder del Espíritu Santo vino sobre los apóstoles, se convirtieron en gigantes para Dios e invadieron su mundo con el fin de que todos conocieran a Jesús. Esteban estremeció a Judea y Samaria. Felipe se dirigió audazmente a Egipto. Ellos estaban dispuestos a ser usados por Dios, se habían rendido completamente a él, y habían sido cambiados en poderosos instrumentos para el avance del Reino de Dios.

Dios está esperando liberar ese mismo poder secreto del Espíritu Santo en ti. Y eso comienza con una palabra. "¡Arrepentirse!".

> DIOS ESTÁ ESPERANDO LIBERAR
> ESE MISMO PODER SECRETO
> DEL ESPÍRITU SANTO EN TI.

DESPUÉS DE LA MUERTE, ¿QUÉ?

Cuando Dios comenzó a realizar poderosos milagros en las reuniones de Kathryn Kuhlman, le hubiera resultado fácil a ella cambiar de mensaje. Sin embargo, nunca lo hizo.

En prácticamente todos los servicios llamaba a los pecadores al arrepentimiento. ¿Por qué? Porque sabía que la curación física es temporal, pero la salvación es eterna. En su libro *Una vislumbre de gloria*, Kathryn responde a la pregunta: "Después de la muerte, ¿qué?".

> *Mientras todavía estoy en este cuerpo de carne, soy susceptible a la enfermedad, la tristeza y la angustia. Este es un cuerpo de corrupción. Es un cuerpo mortal. Pero uno de estos días ya no será un cuerpo vil. Pasará de la corrupción a la incorrupción. Será cambiado de mortal a*

inmortal. Será resucitado, no como un cuerpo vil, sino como un cuerpo hecho a semejanza del mejor cuerpo, el cuerpo de nuestro maravilloso Jesús.

Nos emocionamos ante el glorioso hecho de que nuestros pecados están cubiertos con la Sangre. Pero mi redención nunca será perfecta hasta el día en que lo que ahora es corrupción, lo que ahora es mortal, resucite en incorrupción e inmortalidad. Un día estaré en su gloriosa presencia, con un glorioso cuerpo nuevo. Cuando suene la trompeta del Señor y los muertos en Cristo resuciten primero, y los que aún estén vivos sean arrebatados para recibirlo en el aire, ahí estaré yo siempre con él.

Los que se han ido antes no están perdidos, no están separados de nosotros de forma permanente. Uno de estos días voy a ver a papá otra vez. Uno de estos días voy a volver a ver a mamá. Uno de estos días voy a estar con mis seres queridos.

No cambiaré esa gloriosa esperanza por un título de propiedad de cualquier cosa en este mundo. Mi lugar en el cielo está preparado. Mi esperanza es segura. Estoy lista para irme. Te veré en el otro lado.

Para Kathryn Kuhlman, "uno de estos días" estaba mucho más cerca de lo que pensaba.

CAPÍTULO 9

"Ella quiere ir a casa"

LAS PRESIONES SOBRE Kathryn Kuhlman eran enormes. Era admirada por miles pero despreciada por aquellos que no entendían su llamado.

En las ciudades donde ministraba, las cartas a los editores a menudo eran duras y mordaces. Algunas de ellas decían cosas como: "Ella está en esto por dinero". "Es una estafadora religiosa". "Dios no está en el negocio de la sanidad". "Es histeria colectiva". Y los antipentecostales se esmeraron atacándola infundadamente.

"Invité a Kathryn a usar nuestra carpa, con 6.000 asientos, para que efectuara reuniones en Akron", me dijo Rex Humbard. "Cuando se supo eso, repentinamente, estalló una batalla que figuró en la portada del periódico citadino como titular principal, todos los días".

Se refería a Dallas Billington, el pastor fundamentalista de alto perfil del Templo Bautista de Akron, quien públicamente ofreció $5.000 a cualquiera que pudiera demostrar que puede sanar a una persona a través de la oración. Por supuesto, el desafío estaba dirigido directamente a Kathryn Kuhlman, que acababa de iniciar sus reuniones en esa ciudad. Uno de los titulares del *Akron Beacon Journal* decía: "¿Sanadora o charlatana?".

"El domingo siguiente más de 18.000 personas intentaron entrar a la carpa, haciendo detener el tráfico por kilómetros", me dijo Rex.

Kathryn estaba bien preparada. En la plataforma ese día había personas de Pittsburgh y Franklin, Pensilvania, que no solo habían sido sanadas, sino que tenían informes médicos para documentar sus sanidades.

El conflicto fue un punto muerto porque Kathryn siempre había proclamado que ella no tenía poder para curar a nadie, solo Dios podía hacer milagros. Billington finalmente retiró su oferta.

Años más tarde, en Minneapolis, un hombre se ofreció como voluntario para ser ujier en su servicio de milagros. En realidad, era el Dr. William A. Nolen, que estaba escribiendo un libro sobre curación paranormal. Ese médico siguió a los que afirmaban haber sido sanados en esa reunión y concluyó que cada "milagro" podía explicarse por causas naturales.

Varios médicos salieron en defensa de Kathryn Kuhlman, incluido el Dr. Richard Casdorph, un internista del sur de California. Él y Nolen debatieron el tema de los milagros en el *Show de Mike Douglas,* en 1975. El Dr. Casdorph trajo consigo a Lisa Larios, curada de cáncer óseo en una reunión celebrada en el Shrine Auditorium, y tenía radiografías para probarlo. Aun así, el Dr. Nolen no lo creía.

La defensa de Kathryn a lo largo de los años fue realizada por una larga lista de médicos respetados, incluido el Dr. Richard O'Wellen —de la Escuela de Medicina de la Universidad John Hopkins— y el Dr. Robert Hoyt de la Escuela de Medicina de la Universidad de Stanford. Además, los archivos de Carlton House estaban repletos de cientos de casos de milagros médicamente documentados.

"La verdad no necesita defensa", decía Kathryn, sonriendo a sus críticos.

Además, soportó el aluvión de ataques de los que creían que las mujeres predicadoras no debían cumplir funciones pastorales ni evangelísticas.

"Nunca me consideré una predicadora", respondió Kathryn Kuhlman. "Soy mujer, nací mujer y trato de mantener mi lugar como mujer. Y trato de ser una dama. Nunca trato de usurpar la autoridad del hombre. Los que me conocen mejor no me consideran una mujer predicadora. Solo soy una persona que ama a las almas perdidas".

> "LA VERDAD NO NECESITA DEFENSA",
> DECÍA KATHRYN, SONRIENDO
> A SUS CRÍTICOS.

LAS LLAVES DE LA CIUDAD

Las controversias parecían menores cuando se equilibraban con sus elogios y sus logros.

En Vietnam, el gobierno le otorgó una medalla de honor en enero de 1970 por construir una clínica, una capilla militar y donar 1.200 sillas de ruedas para soldados discapacitados.

El Papa Pablo VI le concedió una audiencia privada en el Vaticano, alabando su "admirable labor." Le entregó a Kathryn Kuhlman un medallón de oro adornado con una paloma grabada a mano, el símbolo del Espíritu Santo.

Recibió un doctorado honorario de la Universidad Oral Roberts, en 1972.

Las llaves de la ciudad de Los Ángeles le fueron entregadas por el alcalde Sam Yorty.

> "SOY MUJER, NACÍ MUJER Y TRATO DE MANTENER MI LUGAR COMO MUJER. NUNCA TRATO DE USURPAR LA AUTORIDAD DEL HOMBRE. SOLO SOY UNA PERSONA QUE AMA A LAS ALMAS PERDIDAS".

Kathryn tenía una profunda pasión por las misiones. La Fundación Kuhlman construyó más de veinte edificios para iglesias en India, América Central, Asia y África, y donó las instalaciones a las congregaciones locales. Gene Martin dirigió sus proyectos en el extranjero y se procesaron más de $750.000 en fondos designados a través del Departamento de Misiones Extranjeras de la denominación Asambleas de Dios. También se hicieron contribuciones significativas a la evangelización mundial efectuada por la Alianza Cristiana y Misionera.

Cuando trasladó sus servicios de los viernes a la Primera Iglesia Presbiteriana de Pittsburgh, el Dr. Robert Lamont le dijo: "No, no le vamos a cobrar por usar nuestras instalaciones". La congregación estaba asombrada y agradecida por las considerables donaciones dadas a cada nuevo proyecto de la iglesia.

> ### KATHRYN TENÍA UNA PROFUNDA PASIÓN POR LAS MISIONES.

Ella llegó a muchas vidas a través de su apoyo a organizaciones como la Escuela para Niños Ciegos del Oeste de Pensilvania y el Conservatorio de Música de Cincinnati. Financió becas a la Universidad Evangel College, en Missouri; Oral Roberts University y Wheaton College para brindar ayuda financiera a los estudiantes que lo necesitaban.

Otro de sus proyectos favoritos fue Teen Challenge, el ministerio de David Wilkerson para rescatar a los jóvenes de la violencia y las drogas.

LO QUE MUESTRAN LOS RAYOS X

Cada año, la programación del ministerio se hacía más grande. Cada semana había al menos una docena de actividades importantes: televisión, radio, servicios de milagros y entrevistas con los medios, además de una lista interminable de decisiones urgentes que su oficina central creía que solo Kathryn podía tomar.

En 1974, la gente de su equipo se preocupó mucho cuando, de repente, dejó de dictar una carta y cayó al piso. En un vuelo desde Los Ángeles a Pittsburgh sintió tanto dolor que la llevaron rápidamente del aeropuerto a su médico. Los rayos X mostraron que su corazón estaba muy agrandado, por lo que se le recetó un medicamento llamado digitalis.

Kathryn no debía haberse sorprendido por sus problemas. Veinte años antes había viajado a Washington, D. C. para hacerse un examen físico y el médico le diagnosticó una afección cardíaca. El galeno le dijo: "Señorita Kuhlman, tendrá que calmarse y reducir la velocidad".

Para el verano de 1975, Kathryn les confiaba a sus amigos más cercanos los frecuentes dolores que sentía en el pecho. Se mantenía en contacto con el evangelista Oral Roberts.

LA TURBULENCIA

Oral conoció personalmente a Kathryn en una convención, en 1971, en la que ambos participaron como oradores destacados. Mientras ella predicaba, él se deslizó hacia la parte trasera del auditorio verdaderamente conmovido. "Sabía que era una mujer de Dios", afirmó.

Al año siguiente, realizó un servicio de milagros en el Centro Cívico de Tulsa. Allí fue donde conoció a Tink y Sue Wilkerson, que le ofrecieron un espacio de oficina para el equipo voluntario de avanzada del ministerio de Kathryn.

Tink era un exitoso distribuidor de automóviles y miembro de la Junta de Regentes de la Universidad Oral

Roberts (ORU, por sus siglas en inglés). Su esposa, Sue, se hizo muy amiga de Kathryn, por lo que hablaban a menudo por teléfono. Los Wilkerson comenzaron a asistir habitualmente a sus servicios en todo el país y Tink le dijo a Kathryn que si alguna vez necesitaba un administrador en el ministerio, él estaría listo para ayudar.

En ese momento, el papel lo ocupaba Paul Bartholomew, el cuñado de Dino Kartsonakis, el primer pianista de Kathryn que aparecía en todos los cultos y en la transmisión del programa *Creo en los milagros*.

Tres años después, en febrero de 1975, una serie de hechos traumáticos devastaron a Kathryn Kuhlman. Primero fue Dino, un músico que durante años había sido uno de sus confidentes más cercanos y alguien a quien trataba casi como un hijo. Este le presentó varias demandas financieras que ella encontró inaceptables. Fue una gran decepción.

Dino fue despedido de inmediato y reemplazado el mismo día por Paul Ferrin, que comenzó a viajar desde San José, California, donde era parte del personal del Templo Bethel.

Luego, el 20 de febrero, recibió la noticia de que su querido director del coro, Arthur Metcalfe, había muerto repentinamente. Sintió una gran pérdida por la partida de su amigo, sin saber que un año después —el mismo día— ella también haría el mismo viaje.

Una vez más, recurrió a Paul Ferrin como reemplazo del Dr. Metcalfe.

En mayo, se enfrentó a un dilema adicional. Paul Bartholomew fungía como administrador asalariado, además recibía una gran compensación en comisiones por cada programa de televisión que colocaba en las estaciones. Bartholomew no solo estaba exigiendo una extensión de su contrato, sino que Kathryn sintió que su actitud era amenazante. Así que le pidió ayuda a su amigo Tink Wilkerson.

Bartholomew pronto salió de la organización y Tink y Sue Wilkerson estuvieron constantemente con Kathryn Kuhlman. El personal de Pittsburgh agradeció el cuidado y la atención que los Wilkerson le estaban brindando a Kathryn, pero sintieron que se había abierto una brecha que los separaba de su amiga.

El alboroto pasó factura.

TIEMPO DE REFLEXIONAR

Sabiendo lo que seguramente estaba por venir, Kathryn Kuhlman tomó un tiempo para reflexionar.

Marjorie Ferrin, que conocía a Kathryn desde sus primeros días en Denver, compartió conmigo una carta que recibió el 16 de julio de 1975. "Hemos visto la mano de Dios y su bendición sobre este ministerio, en el que honramos la fe sencilla; lo hemos visto crecer desde un pequeño comienzo (y nadie lo sabe mejor que tú). El trabajo no es fácil, las horas son largas, las cargas que llevamos, a menudo, son pesadas; pero cuando todos nos detenemos a mirar a nuestro alrededor y evaluar los logros y resultados, nos sentimos muy bien recompensados por no ocultarle nada. ¡Vale la pena el precio!".

Dos meses después, Kathryn regresó a Concordia, llorando en silencio en el cementerio donde estaban enterrados su mamá y su papá.

En su libro, *Una vislumbre de gloria*, escribió: "Un día predicaré mi último sermón, oraré mi última oración y estaré en su gloriosa presencia. Ah, he pensado en esto muchas, muchas veces, a menudo me he preguntado cuáles serían mis primeras palabras para él, aquel a quien he amado por tanto tiempo y sin embargo nunca he visto. ¿Qué diré cuando esté en su gloriosa presencia? De alguna manera sé las primeras palabras que diré cuando mire su maravilloso rostro: 'Dios mío, lo intenté'. No hice un trabajo perfecto, porque era humana y cometí errores. Hubo fracasos. Lo siento. Pero lo intenté. Pero... él ya lo sabe".

> "UN DÍA PREDICARÉ MI ÚLTIMO SERMÓN, ORARÉ MI ÚLTIMA ORACIÓ NY ESTARÉ EN SU GLORIOSA PRESENCIA".

A principios de noviembre, fue anunciada como oradora destacada en la Conferencia Mundial sobre el Espíritu Santo en Israel. Estuvo a punto de cancelar debido a su delicado estado de salud. Los que estaban cerca de ella, detrás del escenario en el estadio deportivo de Tel Aviv, recuerdan haberla escuchado orar: "¡Dios mío, por favor, déjame vivir! Te lo ruego. Quiero vivir".

DE URGENCIA AL HOSPITAL ST. JOHN

Unos días después, el domingo 16 de noviembre de 1975, Kathryn Kuhlman regresó a California para dirigir su reunión mensual en el Shrine Auditorium. Nadie lo sabía, pero sería el último servicio público de su vida. Las personas que estuvieron presentes más tarde me dijeron: "Fue tan poderoso y ungido como cualquier servicio que haya realizado. Parecía que Dios la restauró por completo durante esas pocas horas".

> "CUANDO MIRE SU MARAVILLOSO ROSTRO:
> 'DIOS MÍO, LO INTENTÉ'.
> NO HICE UN TRABAJO PERFECTO...
> HUBO FRACASOS. LO SIENTO.
> PERO LO INTENTÉ".

El director del coro, Paul Ferrin, recordó: "Sabíamos lo enferma que estaba, pero hubo un momento en que comenzamos a cantar *Aleluya* y su semblante cambió por completo. Cobró fuerzas inmediatamente".

Después de la reunión, llevaron a Kathryn de regreso al Hotel Century Plaza, totalmente exhausta. Se enfermó tanto que se vio obligada a cancelar su reunión del martes por la mañana con Dick Ross, su productor de televisión. Su médico le recetó varios medicamentos. Oral Roberts llamó para orar por ella.

Para Kathryn Kuhlman era impensable cancelar sus grabaciones de televisión en CBS al día siguiente. La gente había viajado por avión para dar sus testimonios de sanidad, por lo que detestaba la idea de decepcionarlos.

Kathryn, de alguna manera, terminó las producciones del miércoles y luego se derrumbó en su camerino. Al día siguiente estaba en agonía, pero todavía luchó con más programas.

Para el sábado, su estómago estaba hinchado por el líquido. La presión sobre su corazón era insoportable. Se llamó a un médico y Kathryn fue trasladada de urgencia a la unidad de cuidados cardíacos del Hospital St. John. Su presión arterial había caído por debajo de la zona de peligro y un equipo de médicos trabajó durante cinco horas antes de que su condición se estabilizara. Así que tuvo que permanecer hospitalizada.

El 21 de diciembre, Kathryn Kuhlman fue trasladada en avión privado a Pittsburgh con dos enfermeras a bordo. A pesar de su estado crítico, estaba decidida a pasar las vacaciones en su casa de Fox Chapel que tanto amaba, rodeada de sus amigos y las obras de arte que le habían regalado a lo largo de los años.

El día después de Navidad, Maggie Hartner recibió una llamada urgente de Tink Wilkerson informándole que el avión llevaría a Kathryn a Tulsa. Se programó una cirugía cardíaca en el Centro Médico Hillcrest para el sábado 27 de diciembre. Reemplazaron con éxito una válvula mitral defectuosa, que controla el flujo de sangre al corazón.

Sin embargo, el viernes después de la operación, se desarrollaron algunas complicaciones graves. Durante las dos semanas siguientes, los médicos le realizaron tres broncostomías (para aliviar la disnea) debido a problemas que afectaban uno de sus pulmones.

Kathryn se recuperó brevemente, pero casi no tenía fuerzas.

Oral y Evelyn Roberts recibieron una llamada de emergencia. "Tienen que venir rápido, Kathryn se está yendo".

Así que corrieron en dirección a Hillcrest y, cuando se acercaban a la cama para orar, Kathryn levantó las manos como para apartarlos y luego señaló hacia arriba. Evelyn se volteó hacia su esposo y le susurró: "Ella quiere irse a casa. Quiere irse a casa".

> "TIENEN QUE VENIR RÁPIDO, KATHRYN SE ESTÁ YENDO".

Más tarde, ese mismo día —20 de febrero de 1976—, a la edad de sesenta y ocho años, Kathryn Kuhlman fue llevada al cielo.

"¡CUÍDALA BIEN!"

Cuando me llegó la noticia de la muerte de Kathryn, puse la cabeza entre mis manos y comencé a llorar. Aunque nunca tuve trato directo con ella , Kathryn era miembro de mi familia. Ella me había dado un banquete de alimento espiritual y sus palabras me inspiraron de una forma maravillosa. Una avalancha de recuerdos cruzó por mi mente. Lo único que podía hacer era caer de rodillas y orar por mi amada guía: "Señor, cuida bien a Kathryn Kuhlman. ¡Cuídala bien!".

La muerte de Kathryn causó gran conmoción en la ciudad en la que ella decidió establecerse. Su fallecimiento fue ampliamente cubierto en los medios locales y generó un gran interés entre la población. Era evidente que Kathryn había dejado su huella en la comunidad y su partida fue sentida por muchos. La reportera Ann Butler escribió en *Pittsburgh Press*: "Lo que ella hizo fue, en definitiva, muy hermoso. Nunca habrá otra como ella. Se presentaba ante los enfermos y los angustiados, los que habían sufrido, los que habían perdido la fe, los que se habían dado por vencidos, y los levantaba. Los hacía sonreír y les transmitió esa misteriosa y maravillosa luz de alegría que tenía en sus ojos. Ella les dio algo en lo que creer. Esa era su magia".

"ESTÁ BIEN"

Cuatro días después de su fallecimiento, 150 invitados se reunieron en la capilla del majestuoso Forest Lawn Memorial Park en Glendale, California. Los portadores del féretro honorarios incluyeron a Rex Humbard, Ralph Wilkerson y Leroy Sanders, pastor de la Primera Iglesia Asambleas de Dios en North Hollywood, California. Paul Ferrin estaba sentado al órgano mientras Jimmie McDonald, entre lágrimas, le cantaba a Kathryn por última vez la canción *Esta bien con mi alma, está bien.*

Se le pidió a Oral Roberts que fuera el orador principal y él aceptó; sin embargo, deseó que ese privilegio se hubiera reservado para alguien que conociera a Kathryn Kuhlman por más tiempo.

Oral Roberts dijo: "Kathryn, mientras miras el rostro de Jesús esta mañana, caminando a orillas del río celestial, y ves el fruto que sana las naciones, quiero que recuerdes por un momento que muchos de nosotros aquí estamos más cerca del Espíritu Santo que nunca". Y agregó: "Nos alegra que hayas caminado entre nosotros, pero sobre todo nos complace que el Espíritu Santo siga caminando entre nosotros y seamos uno contigo".

Después del funeral, fue enterrada en Forest Lawn. La lápida de bronce en su tumba dice:

> *Kathryn Kuhlman*
> *Creo en los milagros*
> *porque creo en Dios*
> *20 de febrero de 1976*

MONUMENTOS VIVOS

El conflicto que se apoderó del último año de vida de Kathryn continuó después de su muerte cuando se anunció que había hecho un nuevo testamento y lo había firmado el 11 de diciembre de 1975, dejando la mayor parte de sus bienes personales a Tink y Sue Wilkerson. Eso fue un golpe para Maggie Hartner y el personal de Pittsburgh. La Fundación Kathryn Kuhlman, sin embargo, era una entidad independiente y continúa su ministerio hasta el día de hoy.

Kathryn Kuhlman no dejó edificios de iglesias en Pittsburgh ni en Los Ángeles, ni construyó una escuela ni estableció una denominación. Sin embargo, fue honrada en su ciudad natal. Cuando visité Concordia, vi un monumento histórico en un parque tranquilo cerca del ayuntamiento. Ese monumento lee:

Kathryn Kuhlman
Lugar de nacimiento: Concordia, Missouri
Miembro de la Iglesia Bautista
Ministro ordenado de la Alianza de Iglesias Evangélicas
Conocida por creer en el Espíritu Santo
Erigido en 1976

Estoy seguro de que su amiga Maggie Hartner lo expresó mejor: "Hay miles y miles de monumentos, pero no son monumentos construidos con ladrillo ni con piedra. Son monumentos vivientes, hombres y mujeres que encontraron a Jesús como su Salvador personal porque Kathryn Kuhlman fue fiel a su Señor al darles a conocer el evangelio".

Ese fue un tributo final a una de las grandes siervas de Dios que a menudo se encogía de hombros y decía: "Solo llevo un balde de agua para el Señor".

CAPÍTULO 10

Unción ilimitada

L A GENTE SE sorprende cuando les digo que: "Creo que Dios usó la unción que tenía Kathryn Kuhlman para sustentarme, a fin de que yo estuviera listo para que me ungiera a mí". Es posible que preguntes: "Benny, ¿estás diciendo que recibiste tu unción por parte de Kathryn Kuhlman?". ¡Absolutamente no! Como comentó el pastor Ralph Wilkerson tras el fallecimiento de ella: "A cualquiera que venga y diga: 'Tengo el manto de Kathryn Kuhlman', no le crea".

Recuerdo la noche de 1977 en la que estuve en la Catedral de Queensway, en la ciudad de Toronto, listo para hablar en lo que se denominó un "encuentro cinematográfico". Después de su muerte, la Fundación Kathryn Kuhlman me pidió que viajara a algunas ciudades de Canadá y de Estados Unidos con el objeto de celebrar varios servicios especiales de milagros. En esa ocasión, Jimmie McDonald iba a cantar, se exhibiría la película de uno de los cultos de Kathryn en Las Vegas y yo iba a ministrar.

Como había visto la película muchas veces, me puse a caminar por un pasillo que estaba oculto, detrás de la plataforma, y oré esperando que terminara la exhibición. Durante cada servicio, al final de la película, haría que la audiencia me acompañara a cantar el coro *Cristo, Cristo, Cristo*.

> "DIOS USÓ LA UNCIÓN QUE TENÍA KATHRYN KUHLMAN PARA SUSTENTARME, A FIN DE QUE YO ESTUVIERA LISTO PARA QUE ME UNGIERA A MÍ".

En el momento en que comenzamos a elevar nuestras voces en alabanza, los milagros empezaron a manifestarse. ¡La gente se deshacía de sus muletas y salían corriendo de sus sillas de ruedas! Ellos solo vieron la película, solo habíamos cantado un coro y ahora Dios nos visitaba.

Estoy totalmente convencido de que en esos primeros días de mi ministerio, yo estaba fluyendo en la unción de Kathryn, no en la que Dios le dio a Benny Hinn. Dios usó la unción que tenía Kathryn Kuhlman para sustentarme, para enseñarme, de forma que me preparara para cuando me ungiera a mí.

Yo era un novato, ignoraba cómo fluir en mi unción, pero Dios me dio el privilegio de moverme en la de ella. Fue una experiencia de aprendizaje que creo que es un patrón bíblico. Josué siguió a Moisés hasta que aprendió a liderar por sí mismo. Eliseo siguió a Elías hasta que se cumplió el tiempo señalado para el ministerio de este.

En las instalaciones de McCormick Place, en Chicago y en Vancouver, la gente era sanada mientras se exhibía la película, incluso antes de que yo subiera a la plataforma. La poderosa unción que Dios había puesto en la vida de Kathryn estaba presente.

¡SE ATRAPA!

Una y otra vez la gente se me acerca y me pregunta: "Benny, ¿cómo puedo recibir la unción?". O sienten que Dios se mueve dentro de ellos y entonces dicen: "¡Quiero recibir una doble porción!". Mi consejo es que dejes de esperar en cualquier rincón en el que estés. Levántate y muévete a un lugar donde fluya el poder de Dios. La unción no se enseña ni se aprende, *se atrapa* como se puede atrapar una aceituna que cae del árbol de olivo.

No te quedes donde estás. Busca la unción y asegúrate de que va a caer sobre ti. Literalmente, "envuélvete" en lo que Dios ha preparado. Eso es lo que hizo Eliseo.

El profeta Elías encontró a su discípulo arando en un campo. "Elías pasó junto a Eliseo y arrojó su manto sobre él" (1 Reyes 19:19). Desde ese momento, Eliseo fue un hombre transformado. La unción fue tan poderosa que sacrificó sus bueyes y le dio un asado gratis a la gente. Él "tomó su yunta de bueyes y los sacrificó. Quemando la madera de la yunta, asó la carne y se la dio al pueblo, y ellos comieron. Luego partió para seguir a Elías y se puso a su servicio" (v. 21).

Eliseo insistió en que el profeta Elías no lo dejara. ¿Por qué? Porque no quería separarse de la unción. Cuando el Señor estaba por llevar a Elías al cielo y los dos iban por el camino de Gilgal, Elías le dijo a Eliseo: "Quédate ahora aquí, porque Jehová me ha enviado a Betel. Y Eliseo dijo: Vive Jehová, y vive tu alma, que no te dejaré" (2 Reyes 2:2 RVR1960).

Un poco más tarde, Elías le dijo que se quedara atrás mientras iba a Jericó. Una vez más, Eliseo se negó a dejarlo (v. 4). E incluso cuando Elías le explicó que el Señor lo enviaba al río Jordán, Eliseo volvió a repetir: "Vive Jehová, y vive tu alma, que no te dejaré" (v. 6).

> ## CUANDO EL MANTO DE ELÍAS CAYÓ, ELISEO SE APRESURÓ A RECIBIRLO: "ATRAPÓ LA UNCIÓN".

Eliseo quería permanecer cerca del manto, es decir, la unción.

En el río Jordán, dice la Biblia: "Tomando entonces Elías su manto, lo dobló, y golpeó las aguas, las cuales se apartaron a uno y a otro lado, y pasaron ambos por lo seco" (v. 8). "Cuando habían pasado, Elías dijo a Eliseo: Pide lo que quieras que haga por ti, antes que yo sea quitado de ti. Y dijo Eliseo: Te ruego que una doble porción de tu espíritu sea sobre mí" (v. 9).

¡Él deseaba todo! El profeta le explicó que lo que él le estaba pidiendo era muy difícil de complacer. Pero ante la insistencia del discípulo, Elías le dijo: "Si logras verme cuando me separen de tu lado, te será concedido; de lo contrario, no" (v. 10).

Así que continuaron avanzando. Ojo: recuerda esto: Dios no te dará la unción a menos que haya acción de tu parte.

De modo que mientras iban conversando por el camino, de repente apareció un carro de fuego con sus caballos también de fuego, "y Elías subió al cielo en medio de un torbellino" (v. 11). Pero aquí está lo más grande de la historia. Cuando cayó el manto de Elías, Eliseo se apresuró a recibirlo, por lo que actuó sin ver atrás: atrapó la unción. Dios le permitió experimentar el mismo poder que tenía el profeta Elías.

Las Escrituras registran que Eliseo "recogió el manto que se le había caído a Elías y, regresando a la orilla del Jordán, golpeó el agua con el manto y exclamó: '¿Dónde está el Señor, el Dios de Elías?'. En cuanto golpeó el agua, el río se partió en dos, y Eliseo cruzó" (vv. 13, 14).

Dios, en su gran soberanía, organiza tiempos y lugares los que la unción está cerca de nosotros. Sin embargo, si somos ciegos a ello, su toque pasará sin tener contacto con nosotros. Por tanto, no esperes que se aparezca un ángel y te diga: "¡Hola! Tengo algo para ti".

Eliseo mantuvo los ojos abiertos y agarró el manto.

GRANDES EXPECTATIVAS

Empieza a *anticipar* lo que Dios está por hacer en tu vida.

Activa tu fe y colócate en la posición apropiada para recibir. Ese es el consejo que Noemí le dio a Rut. "Báñate y perfúmate, y ponte tu mejor ropa" (Rut 3:3). Si quieres recoger la cosecha, debes estar preparado.

Levántate y literalmente unge tu fe. Como les dijo el profeta Isaías a los príncipes: "¡Levantaos, oh príncipes, ungid el escudo!" (Isaías 21:5 RVR1960).

Pedro y Juan hicieron exactamente eso cuando estaban en la Puerta La Hermosa. Pedro vio a un hombre lisiado de nacimiento que pedía limosna allí y le dijo: "No tengo plata ni oro, pero lo que tengo te doy. En el nombre de Jesucristo de Nazaret, ¡levántate y anda!" (Hechos 3:6).

Ellos ungieron su fe y la pusieron en práctica. "Y tomándolo por la mano derecha, lo levantó. Al instante los pies y los tobillos del hombre cobraron fuerza. De un salto se puso en pie y comenzó a caminar. Luego entró con ellos en el templo con sus propios pies, saltando y alabando a Dios" (vv. 7-8).

Cuando recibí la unción por primera vez, puedo decir que solo fue una gota. El Señor me concedió una pequeña porción para ver qué haría con ella. A medida que crecía espiritualmente, él aumentó mi porción, al punto que hoy tengo una medida mayor que la que jamás haya experimentado.

> EMPIEZA A ANTICIPAR LO QUE DIOS ESTÁ POR HACER EN TU VIDA.

LA UNCIÓN PUEDE SER TUYA

La razón por la que Kathryn Kuhlman ponía tanto énfasis en el arrepentimiento, en ser limpiados por la sangre de Cristo y en llevar una vida llena del Espíritu Santo, es porque ella sabía que no tenía poder para salvar, sanar ni liberar a *nadie*.

Si le das la espalda al Señor y pierdes su toque, *la unción de otra persona no te va a salvar*. Esa es la dura lección que aprendió el rey Saúl. Samuel le dijo: "No voy a regresar contigo. Tú has rechazado la palabra del Señor, y él te ha rechazado como rey de Israel" (1 Samuel 15:26).

La Escritura dice que "Cuando Samuel se dio vuelta para irse, Saúl le agarró el borde del manto, y se lo arrancó" (v. 27). Y agrega lo siguiente: "Entonces Samuel le dijo: 'Hoy mismo el Señor ha arrancado de tus manos el reino de Israel, y se lo ha entregado a otro más digno que tú'" (v. 28). Saúl buscó la unción, pero fue en vano. La unción de Samuel no pudo rescatarlo.

> CUANDO RECIBÍ LA UNCIÓN POR PRIMERA VEZ, PUEDO DECIR QUE SOLO FUE UNA GOTA.

UN BEBÉ ESPIRITUAL

En los tiempos en que entendía poco del mover del Espíritu Santo, Dios usó el ministerio de una dama predicadora para guiar mis pasos. Ella me mostró un modelo a seguir, no su modelo sino el del Señor.

Hoy, en nuestras cruzadas evangelísticas, hay ministros y laicos que viajan cientos de kilómetros —incluso desde naciones de todo el mundo—, para estar en la atmósfera de la unción que Dios nos ha concedido.

Una vez, recibí una carta de un ministro de Michigan. "Estimado pastor Hinn", escribió, "los dones del Espíritu son nuevos para mí, pero cada vez que vuelvo a mi púlpito después de estar en una de sus reuniones, siento que la marea espiritual se eleva tanto en mí como en la congregación". Ahí es donde yo estaba hace muchos años: era un bebé espiritual.

No temas ponerte bajo la sombra de personas ungidas. Deja que el ministerio de ellos toque tu vida, que influya en ti, en alguna manera. Puede ser en forma de un tratado evangelístico, de una grabación de uno de sus servicios, de un libro escrito por ellos o de presenciar en persona su ministración.

¿Por qué es eso tan vital? Porque el Espíritu de Dios es contagioso. Todos los días, en mi propia experiencia, además de estudiar la Palabra de Dios, escucho cintas de otros ministerios y leo libros de grandes hombres y mujeres de Dios. ¿Por qué? Porque necesito que se derrame sobre mí el aceite nuevo, tanto del propio Señor como de sus siervos. En la actualidad, sigo leyendo los escritos de Wesley, Moody, Finney y los grandes predicadores de la historia. Eso mantiene el fuego del avivamiento ardiendo dentro de mí.

> NECESITO QUE SE DERRAME SOBRE MÍ EL ACEITE NUEVO, TANTO DEL PROPIO SEÑOR COMO DE SUS SIERVOS.

Incluso después de que Cristo ascendió al cielo, su influencia no disminuyó. Los escribas y los fariseos solo podían llegar a una conclusión. "Al ver la osadía con que hablaban Pedro y Juan, y al darse cuenta de que eran gente sin estudios ni preparación, quedaron asombrados y reconocieron que habían estado con Jesús" (Hechos 4:13).

Valora el tiempo que pasas en la presencia de Dios, en su Palabra y con su pueblo.

Creo que el Señor quiere que tengas más que una doble porción, porque no hay límite para la unción del Espíritu Santo. Creo que él quiere derramar una unción ilimitada sobre sus hijos. Estoy convencido de ello.

Así que no demores y actúa.

VALORA EL TIEMPO QUE PASAS EN LA PRESENCIA DE DIOS, EN SU PALABRA Y CON SU PUEBLO.

CAPÍTULO 11

¡Aleluya! ¡Aleluya!

A FINES DE LA década de 1960, cuando los que manifestaban contra la Guerra de Vietnam y los niños de las flores de Haight-Ashbury (mejor conocidos como *hippies*) estaban en pleno auge, la "Gente de Jesús" estaba ganando miles de jóvenes para Cristo.

Jimmie McDonald recuerda el día en que unas 200 personas que formaban parte de ese movimiento llegaron a los estudios de CBS para grabar uno de los programas de televisión de Kathryn. "Algunos pensaron que solo eran hippies de pelo largo", recordó.

Mientras esperaban que comenzara la producción del programa *Creo en los milagros*, ellos comenzaron a cantar a coro, *Aleluya, Aleluya*.

Nadie en el personal de Kathryn Kuhlman había escuchado algo así antes. Dice McDonald: "Kathryn sintió tal poder en esa canción que pidió —de inmediato— que se grabara un programa adicional. De forma que se reunieron alrededor del piano y lo cantaron, una y otra vez".

A partir de ese día, en casi todos los cultos que dirigió Kathryn Kuhlman, se incluía ese cántico. Se convirtió en una tradición en sus cultos.

Hoy, en nuestras cruzadas cantamos *Aleluya, Aleluya*. Es más que un simple estribillo, es una poderosa marcha para entrar a la adoración.

Las personas que asistieron a los cultos de Kathryn Kuhlman, a menudo, se sorprenden cuando van una de nuestras reuniones y descubren que cantamos casi la misma música.

Es la vida de mi alma.
Espíritu del trino Dios, ven sobre mí.
Cuán grande es él.
Cristo, Cristo, Cristo.
Me ha tocado.

Esos cánticos no solo son atemporales, sino que llevan implícito un significado rico y profundo; además de que dirigen a las personas a la misma presencia de Dios.

McDonald, que participó en muchas de nuestras cruzadas recordó, la primera vez que cantó en una de las reuniones de Kathryn Kuhlman, lo siguiente: "Me quedé asombrado al ver cómo entraba la gente al culto". Y agregó: "La gente cantaba *Cuán grande es él*, más poderosamente de lo que jamás había escuchado. Estoy seguro de que eso fue porque muchos de los que adoraban a Dios habían sido personalmente liberados y tocados por el Espíritu Santo".

Cuando el gran poder de Dios comenzó a manifestarse, tocó a Jimmie McDonald en lo más profundo de su ser. Al respecto, Jimmie afirmó: "Muchas veces, cuando cantaba *Me ha tocado*, no podía terminar la canción debido a lo que veía suceder en la vida de las personas que estaban en ese lugar".

El Señor usa todo —música, mensajes y manifestaciones— para atraer a las personas a él. Sin embargo, hay algo trascendente que hay que hacer antes de que comience un culto, algo clave para que se derrame la bendición de Dios. Eso es la *oración*.

> "EL SEÑOR USA TODO —MÚSICA, MENSAJES Y MANIFESTACIONES— PARA ATRAER A LAS PERSONAS A ÉL".

SIEMPRE PREPARADA

Recuerdo que una vez le pedí a Maggie Hartner un favor. Le dije: "Háblame acerca de la vida de oración de Kathryn. ¿Oraba por las mañanas? ¿Tarde en la noche? ¿O era antes de los servicios?".

Ella respondió: "A la gente le cuesta creer esto, pero Kathryn oraba todo el tiempo".

Kathryn Kuhlman le dijo una vez a David Wilkerson: "Llevo mi 'lugar secreto' conmigo; si estoy en un automóvil, ahí llevo mi 'lugar secreto', o donde sea que esté. No hay nada en la Biblia acerca de estar en un lugar geográfico o ubicación para orar. He aprendido a tener comunión con el Señor en cualquier momento y en cualquier lugar".

Cuando un reportero le preguntó a Kathryn: "¿Cuánto tiempo dedica a prepararse para un culto de milagros?", ella respondió: "Tú no entiendes, siempre estoy preparada. No me preparo solo para un culto. Estoy preparada las veinticuatro horas del día". Luego agregó: "Les digo a los que ayudan en los cultos lo siguiente: 'Escuchen, por favor, este no es momento para efectuar una reunión de oración, ¡oren antes de llegar aquí! Es más, vengan orando y preparados para trabajar'".

Ralph y Allene Wilkerson me dijeron: "No podemos contar el número de comidas que disfrutamos juntos, pero hay algo que nunca olvidaremos. A Kathryn no le gustaban las conversaciones fútiles; siempre se enfocaba en el ministerio y en los cultos. ¡La comida ni siquiera le importaba!".

> **"HE APRENDIDO A TENER COMUNIÓN CON EL SEÑOR EN CUALQUIER MOMENTO Y EN CUALQUIER LUGAR".**

"POR FAVOR, ¡AYÚDAME!"

Cuando algunas personas oran, solo piensan en sus fallas y sus necesidades personales. Todo lo que dicen es: "Señor perdóname". "Por favor, ¡ayúdame!". Todo lo que oran gira alrededor de su "yo". "Yo, yo y nada más que yo".

Por supuesto que debemos confesar nuestros pecados y buscar la instrucción de Dios, pero tenemos que entender que la oración implica comunión con el Señor. Orar es escuchar y hablar sobre las cosas que están en el corazón de Dios. Necesitamos amarlo, agradecerle, adorarlo y entrar en su presencia. Nuestras necesidades serán satisfechas en *su* tiempo, no en el nuestro.

Al recibir el calor, la ternura y la sabiduría del Señor, tendemos a obedecer su voz, lo que es clave para la unción del Espíritu Santo. Él probará tu fidelidad confiándote cosas pequeñas. De forma que, si eres leal con lo poco, te confiará más, permitiéndote cumplir con el llamado que ha hecho a tu vida.

El Señor no responde por tu excelente vocabulario o por tus palabras de conocimiento. ¡No! Él derrama su unción cuando ve un corazón que verdaderamente anhela conocerlo. El salmista escribió: "El Señor está cerca de quienes lo invocan, de quienes lo invocan en verdad" (Salmos 145:18).

Cierta vez, Kathryn comentó lo que sigue: "Es sorprendente la cantidad de personas que me escriben y me preguntan: '¿Podría enviarme la oración que usted dijo en tal o cual culto?'".

> "ÉL DERRAMA SU UNCIÓN CUANDO VE UN CORAZÓN QUE VERDADERAMENTE ANHELA CONOCERLO".

Para ella, tener comunión con Dios era infinitamente más que orar. Era algo que brotaba de lo más profundo, nada que pudiera escribirse ni memorizarse. "Es posible que una oración impresa, a veces, pueda ayudarte a tener conciencia de Dios o a fomentar una actitud de oración", comentó, "pero eso no es realmente orar. Debes saber que la oración implica una relación con Dios".

LA ALABANZA CONSTANTE

Kathryn Kuhlman no solo oraba siempre, sino que también alababa a Dios constantemente, obedeciendo al mandato de Pablo que nos exhorta así: "Oren sin cesar, den gracias a Dios en toda situación, porque esta es su voluntad para ustedes en Cristo Jesús" (1 Tesalonicenses 5:17-18).

En un mensaje que predicó, titulado "Toda la armadura de Dios", preguntó: "¿Han venido ante el trono de Dios sin pedir nada, solo dedicando diez o quince minutos a adorar al Maestro, diciéndole cuánto lo aman, alabándolo y agradeciéndole por sus bendiciones y su bondad con ustedes?".

Kathryn conocía el secreto de la verdadera oración: acudir al Señor en alabanza, adoración y súplica con un corazón agradecido. Ella creía que era posible "vivir constantemente en un espíritu de acción de gracias, con nuestros corazones agradecidos por la bondad de Dios, agradeciéndole mentalmente por sus bendiciones y su protección". Y aun en medio de los quehaceres de la vida, incluso cuando sostenemos una conversación con alguien, "podemos estar conscientes de que dentro de nuestro corazón y nuestra mente mora un espíritu de gratitud".

UN FUEGO ARDIENTE

Es maravilloso reflexionar sobre los momentos de tu vida en los que Dios vino y te bendijo de una manera especial. Sin embargo, ¿sigue eso ocurriéndote? ¿Sigue ardiendo el fuego dentro de ti? ¿Continúa Dios dándote conocimiento por revelación? La Palabra dice: "Todos ustedes, en cambio, han recibido unción del Santo, de manera que conocen la verdad" (1 Juan 2:20).

La unción de lo alto es tu fuente de conocimiento. Con ella te es posible operar en la revelación mucho mejor que con cualquier tipo de educación que tengas.

No hay sustituto para la unción fresca de Dios. La unción levantará la carga que llevas y romperá la atadura que perturba tu vida. Isaías escribió: "Acontecerá en aquel tiempo que su carga será quitada de tu hombro, y su yugo de tu cerviz, y el yugo se pudrirá a causa de la unción" (Isaías 10:27 RVR1960).

> NO HAY SUSTITUTO PARA LA
> UNCIÓN FRESCA DE DIOS.

Dios quiere que te conviertas en un fuego ardiente que resplandezca con el Espíritu. Él desea que vuelvas a la vida por el toque de su poderosa mano. "Que nunca falte ungüento sobre tu cabeza" (Eclesiastés 9:8), dijo el predicador. Así que prepárate para el toque transformador de Dios. Recibe una unción fresca todos los días.

¿Estás listo para recibir lo que Dios tiene reservado para ti? ¿O estás complacido y satisfecho con algo que pudo haber sucedido ayer?

David recibió su primera unción y parecía encaminado a convertirse en esclavo de Saúl toda su vida, solo para tocar el arpa y mantener a los demonios alejados del rey. Luego recibió su segunda unción y se convirtió en rey de Judá. Finalmente, recibió su *tercera* unción y fue coronado rey de Israel. Fue entonces cuando se le dio dominio y autoridad al antiguo pastor. Fue entonces cuando tomó el Monte Sion.

Contigo sucede algo parecido. Nunca te darás cuenta de la autoridad que Dios quiere que tengas, a menos que vayas más allá de la primera unción. Es cuando él *continúa* ungiéndote que comienzas a conocer su gran poder. Recuerda que Jesús "sopló" sobre los discípulos y entonces vino Pentecostés. Más tarde en Hechos 4, el poder cayó, el edificio tembló y ¡comenzaron a hablar la Palabra con denuedo! Multitudes fueron añadidas a la Iglesia.

"NO QUEREMOS NADA"

Aquellos que buscaban el secreto de Kathryn Kuhlman para abrir las compuertas del cielo no tuvieron que ir muy lejos. En un culto de milagros, ella alzó la cabeza en dirección al Maestro y oró: "Prometemos darte, Señor Jesús, la alabanza por todo lo que sucede en este lugar de adoración. Prometemos con nuestras propias vidas darte la gloria. No queremos nada, Señor Jesús, que impida que te alabemos, ni nuestras circunstancias, ni nuestras finanzas, ni los problemas, ni los triunfos ni ninguna otra cosa. Te alabamos, Señor".

> *Entren por sus puertas con acción de gracias;*
> *vengan a sus atrios con himnos de alabanza;*
> *denle gracias, alaben su nombre.*
>   —Salmos 100:4

¡Aleluya! ¡Aleluya!

CAPÍTULO 12

"Sí, Señor. ¡Iré!"

¿CREES QUE DIOS habla a través de los sueños? Debo decirte que yo sí. Hace varios años el Señor me visitó en un sueño tan real que puedo verlo hoy tal como fue hace tanto tiempo.

El sueño comenzó cuando entré lentamente en un hermoso edificio que tenía tres habitaciones. Al atravesar la puerta de la primera habitación, vi que ahí estaba Kathryn Kuhlman, tal como la recordaba, con un vestido blanco suelto.

Kathryn me miró directamente a los ojos y me dijo: "Sígueme".

Juntos entramos en la segunda habitación y ahí, de pie ante nosotros, estaba Jesús, el poderoso Hijo de Dios.

A medida que el sueño se desarrollaba, Kathryn se desvaneció, simplemente desapareció. Ahora estaba solo con Jesús, que me habló, diciendo: "Sígueme".

Seguí al Señor a una tercera habitación. Ante mí había un hombre paralítico, estaba inmóvil. Le insertaron un tubo en la garganta. Mientras el Señor caminaba hacia el hombre, fue instantánea y totalmente sano.

Entonces Jesús me miró y pronunció una palabra con gran poder y autoridad: "¡Hazlo!". Pero el Señor no desapareció. Se quedó conmigo en la habitación.

Me desperté del sueño, humillado y llorando: "Sí, Señor. ¡Lo haré!"

> ## "ANTE MÍ HABÍA UN HOMBRE PARALÍTICO, ESTABA INMÓVIL".

UN LIBRO PEQUEÑO

Ser obediente a Dios no garantiza un camino despejado ni la ausencia de pruebas. A menudo es todo lo contrario. Los seguidores de Cristo han sido ridiculizados, perseguidos y encarcelados.

Kathryn recordó una vez el día que agarró un librito rojo que había leído muchas veces en su niñez. Abrió el volumen y descubrió que había garabateado algunos pensamientos en la parte posterior del libro. Ella dijo: "Me pregunto ahora si entendía completamente lo que escribí en ese momento, porque no tenía más de dieciséis o diecisiete años de edad".

Estas son las palabras que escribió:

La vida puede aplastar a un hombre o pulirlo,
depende de lo que esté hecho.
Un diamante no puede pulirse sin fricción,

ni el hombre perfeccionarse sin pruebas.
Los grandes navegantes se hacen
en aguas turbulentas y mares profundos.

Kathryn cerró el libro y reflexionó en las páginas de su vida. "Han pasado años y años desde ese momento", dijo, "y puedo atestiguar que cada palabra que escribí aquel día es verdad. Creo que es por esas aguas profundas, las tormentas, los vientos, los vendavales, que soy la persona que hoy soy".

Décadas antes, cuando se enfrentó a esa calle "sin salida" en Los Ángeles y pensó que su vida había terminado, el Señor sabía exactamente dónde estaba. Él envió al Espíritu Santo para darle una nueva visión que cambió para siempre su futuro.

Dios también sabe dónde estás *tú*.

Recuerdo la noche de 1975 cuando Kathryn visitó la ciudad de London, Ontario, en Canadá, y yo me ofrecí como voluntario para cantar en el coro. Quería participar en todo lo que estaba sucediendo. Tenía veintitrés años y había estado predicando por menos de un año, aún tratando de entender el llamado de Dios a mi vida.

Después de la reunión, mientras cruzaba la plataforma para localizar a los amigos con los que había llegado, el director del coro de Kathryn Kuhlman, Paul Ferrin, me agarró del brazo y me detuvo. Me dijo: "Señor, no sé quién es, pero Dios tiene su mano sobre usted y quiero orar por usted". Y lo hizo.

Es probable que Paul olvidara ese incidente, pero fue un momento trascendente para mí. Fue una confirmación de que el Señor estaba guiando mis pasos.

¡YA VIENE!

Cuando escuches que la Iglesia está muerta o falleciendo no lo creas. Dios está llamando a sus "siervos y siervas" como nunca antes y se están produciendo milagros en todos los rincones del mundo. ¡Eso es solo el comienzo!

Esta es la profecía que ya se ha cumplido parcialmente y está por completarse en nuestros días: "Después de esto, derramaré mi Espíritu sobre todo el género humano. Los hijos y las hijas de ustedes profetizarán, tendrán sueños los ancianos y visiones los jóvenes" (Joel 2:28).

Dios está a punto de liberar una unción de su poder que nunca se había experimentado. El derramamiento venidero solo puede describirse como uno sin medida. Hasta aquí lo que hemos recibido tiene una dimensión que nos permite medir y comparar. Lo que está en el horizonte es tan inmensurable como el universo. Se dará a aquellos que han sido fieles con lo que ya han recibido. Jesús dijo:

> "El que es fiel en lo muy poco, también en lo más es fiel".
> —Lucas 16:10 RVR1960

LAS SEÑALES TE SEGUIRÁN

Lo que el Señor predijo en el último capítulo de Marcos está a punto de estallar a una escala sin precedentes.

> "Estas señales acompañarán a los que crean".
> —Marcos 16:17

Ya no seguirás las señales, las señales te seguirán a ti. La demostración del poder de Dios fluirá como un poderoso y caudaloso río.

"En mi nombre expulsarán demonios" (v. 17).

La unción que viene te dará poder absoluto sobre el enemigo.

"Hablarán en nuevas lenguas" (v. 17).

El vigoroso ejército de creyentes llenos del Espíritu ha crecido hasta convertirse en millones, y el poder va en aumento.

"Tomarán en sus manos serpientes; y, cuando beban algo venenoso, no les hará daño alguno" (v. 18).

El derramamiento venidero construirá una fortaleza de seguridad alrededor del pueblo de Dios.

"Pondrán las manos sobre los enfermos, y estos recobrarán la salud" (v. 18).

Cuando caiga esta gran unción, orarán por las personas e instantáneamente las verán sanadas.

¿Cómo va a derramar el Señor su Espíritu sobre toda carne? ¡A través de ti! ¡A través de mí! El mundo va a decir: "¡Estos cristianos han trastornado el mundo!".

UNA VISITACIÓN PODEROSA

El Señor quiere que recibas, que actúes, que fluyas y que vivas en la unción. No para que disfrutes un "éxtasis" espiritual sino para servir. ¡Prepárate!

> ## YA NO SEGUIRÁS LAS SEÑALES, LAS SEÑALES TE SEGUIRÁN A TI.

El Maestro está a punto de regresar. Él te mirará a los ojos y te preguntará: "¿Qué has hecho con lo que te he dado? ¿Has recibido el Espíritu Santo que te envié?".

La unción te dará una nueva autoridad. Si "uno persigue a mil, y dos hacen huir a diez mil" (ver Deuteronomio 32:30) solo piensa en lo que sucede cuando eso se multiplica.

El profeta Daniel dijo que aquellos que "conocen a su Dios serán fuertes y harán proezas" (ver Daniel 11:32). A través de los siervos de Dios, el mundo será reclamado y cambiado, se convertirá de un lugar desolado a una tierra hermosa. "Se alegrarán el desierto y el sequedal; se regocijará el desierto y florecerá como el azafrán ... Se abrirán entonces los ojos de los ciegos y se destaparán los oídos de los sordos; saltará el cojo como un ciervo, y gritará de alegría la lengua del mudo. Porque aguas brotarán en el desierto, y torrentes en el sequedal" (Isaías 35:1, 5-6).

¡Qué poderosa visitación! ¡Y el Señor quiere que tú seas parte de eso! Cuando caiga la plenitud del Espíritu de Dios, te sentirás como el salmista cuando declaró:

"Que se levante Dios, que sean dispersados sus enemigos".

—Salmos 68:1

EL DERRAMAMIENTO VENIDERO CONSTRUIRÁ UNA FORTALEZA DE SEGURIDAD ALREDEDOR DEL PUEBLO DE DIOS.

Un día Satanás hará su último ataque. Jesús dijo: "Se me ha dado toda autoridad en el cielo y en la tierra" (Mateo 28:18). Nada de eso se le dará al enemigo.

Lo que Dios está preparando no es solo para hoy, sino para la eternidad. Te regocijarás "para siempre".

El próximo acontecimiento en el calendario de Dios es el regreso de Cristo. El derramamiento de su Espíritu en tu vida es para que te prepares para ese momento y para darte el poder de difundir las buenas nuevas con el mundo. Nunca he estado más convencido de la Segunda Venida de Cristo que en este día.

El reloj está llegando a la hora final. Es posible que muchos estén interesados en llenar edificios, pero Dios está interesado en llenar el cielo. Y él solo puede cumplir la tarea al llenarte a ti.

¿SERÁS TÚ?

Cada vez que reflexiono en la vida de Kathryn Kuhlman, veo la manera en que Dios usa a la gente común y corriente para lograr su propósito. Cada vez que oigo sus mensajes, como suelo hacerlo, me inspiro escuchándolos y elevo mi adoración a Dios. Siento la presencia del Espíritu Santo en mi ser.

David Wilkerson escribió, en el prólogo del libro de Kathryn —titulado *Nada es imposible para Dios*— lo siguiente: "La historia dirá de Kathryn Kuhlman: su vida y su muerte dieron gloria a Dios".

¿Cuál será la historia de tu vida? ¿Cómo responderás cuando el Señor te dé una visión para tu futuro y te diga: "¡Hazlo!"?

> **ES POSIBLE QUE MUCHOS ESTÉN INTERESADOS EN LLENAR EDIFICIOS, PERO DIOS ESTÁ INTERESADO EN LLENAR EL CIELO.**

No importa dónde naciste, las circunstancias de tu vida o los errores que hayas cometido.

Los ojos de Dios están buscando en el mundo una vasija dispuesta que pueda usar poderosamente: alguien, cualquiera, que se rinda totalmente a su Espíritu Santo.

¿Serás tú ese alguien?

BENNY HINN NACIÓ en Jaffa Israel. Es un reconocido evangelista maestro y autor de éxitos de librería como *Buenos días Espíritu Santo* y *Misterios de la unción*. Su programa televisivo —«¡Este es tu día!»— es uno de los más vistos del mundo transmitido en más de doscientos países. Se desempeña como ministro internacional desde hace más de cuatro décadas y ha predicado el evangelio cara a cara y a través de la televisión a millones de personas.

Te invitamos a que visites nuestra página web, donde podrás apreciar la pasión por la publicación de libros y Biblias:

www.casacreacion.com

Para vivir la Palabra